한국아동 · 청소년상담학회 연구총서 17

경계선 지능 아동·청소년을 위한

느린 학습자 증거 기반 훈련 프로그램

인지, 학습, 사회정서, 적응행동

김동일 저

학지사

This work was supported by the Ministry of Education of the Republic of Korea and the National Research Foundation of Korea (NRF-2020S1A3A2A02103411)

서론과 일러두기

『경계선 지능 아동 · 청소년을 위한 느린 학습자 증거 기반 훈련 프로그램: 인지, 학습, 사회정서, 적응행동』은 경계선급 지적 기능성에 해당하는 아동과 청소년을 지도하는 교사 혹은 부모를 위하여 효과적인 전략을 전달하고자 합니다. 이 교재는 크게 15장으로 구성되어 있고, 인지 영역, 학습 영역, 사회성 및 정서 영역, 일상생활 능력 영역으로 구성되어 있습니다.

첫 번째 영역은 인지 영역입니다. 인지 영역은 지각훈련, 작업 기억, 주의집중, 처리속도, 추론 총 5개 장으로 구성됩니다. 인지 영역은 경계선 지능 학생들이 어려움을 호소하는 주요한 영역이자 핵심 영역입니다. 각 장에서는 경계선 지능 학생 체크리스트에서 주의 깊게 살펴보는 요소를 토대로 구성되었습니다.

두 번째 영역은 학습 영역입니다. 경계선 지능 학생들은 인지적 어려움으로 인해 학습에서도 어려움이 있을 수 있기에 학습 지원에 대한 정보를 제공하기 위한 영역입니다. 학습 영역에는 어휘, 읽기 이해, 수학을 제시하였고, 학습 동기까지 전반적인 지원 정보를 담고자 하였습니다.

세 번째 영역은 사회성 및 정서 영역입니다. 학령기의 경계선 지능 학생들은 또래 어울림에서도 어려움을 보이고, 이는 사회성 및 정서적 어려움으로까지 연결됩니다. 따라서 사회성, 대인 관계에서의 의사소통, 정서 문제를 다루며 경계선 지능 학생들에게 도움이 되는 정보를 담아냈습니다.

네 번째 영역은 일상생활 능력입니다. 일상생활 적응 측면에서 경계선 지능 학생에게 주의를 기울여 관찰해야 할 필요가 있습니다. 따라서 적응행동 능력과 운동 능력, 진로 직업에 대해 살펴보고 적용하면 학생들에게 도움이 될 것으로 생각됩니다.

'경계선 지능 아동 · 청소년을 위한 느린 학습자 증거 기반 훈련 프로그램: 인지, 학습, 사회정서, 적응행동'의 구성

도입은 경계선 지능 학생이 겪게 되는 어려움에 대해서 접해 볼 수 있도록 구성하였습니다. 그리고 여러 임상 경험을 토대로 경계선 지능 학생이 주로 어려움을 보이는 부분을 이야기 형식으로 접하면서 어떠한 어려움을 느끼는지 함께 생각해 보고자 상황을 이해할 수 있는 내용을 정리하였습니다.

이후에는 '점검해 볼까요' '알아볼까요' '적용해 볼까요' '프로그램 소개'를 통해 경계선 지능 학생을 지원할 수 있는 내용이 소개됩니다.

첫째, '점검해 볼까요'에서는 각 장과 관련하여 보편적으로 어떠한 어려움을 보이는지 점검해 볼 수 있는 내용입니다. 이 부분에 나온 내용은 경계선 지능 학생을 위한 체크리스트 혹은 경계선 지능 학생을 자주 관찰한 교사 혹은 부모 등이 언급한 내용을 바탕으로 구성된 내용입니다. '점검해 볼까요'를 통해 학생이 호소하는 어려움을 점검해 볼 수 있습니다. 그러나 이는 모든 상황에서 경계선 지능 학생이라고 단정 지을 수 있는 내용은 아닙니다. 따라서 경계선 지능 학생이 의심이 될 경우에는 보다 정밀한 진단이 필요합니다.

둘째, '알아볼까요'는 크게 두 가지 하위 영역으로 구성됩니다. 1영역에서는 전반적인 개념에 대해 소개합니다. 예를 들어, 지각 영역의 경우 처음에는 전반적인 지각의 개념, 지각의 종류가 무엇이 있는지 등을 통해 전반적인 개념을 이해할 수 있도록 구성되어 있습니다. 2영역에서는 경계선 지능 학생에게 조금 더 초점을 맞추었습니다.

셋째, '적용해 볼까요'에서는 구체적인 중재 및 지도 방법에 대해서 기술합니다. 전반적인 경계선 지능 학생의 능력을 어떻게 향상할 수 있을지 지도 방법을 자세하게 기술합니다. 이는 보편적인 중재 증진 전략이 제시되기도 하고, 경계선 지능 학생을 위해 보다 초점화하여 지도법이 제시되기도 합니다. 마지막에는 교사와 학부모를 위한 팁도 제시하여 교수법에 응용하고 적용할 수 있도록 제시하였습니다.

넷째, '프로그램 소개'에서는 경계선 지능 학생과 함께 활동할 수 있는 프로그램을 소개합니다. 여기서 다루는 증거 기반 프로그램은 경계선 지능 학생을 위한 기존의 중재 연구에 기반을 두고 있습니다. 연구물이 풍부하지 않은 영역의 경우에는 장애 범위를 넓히는 방식으로 프로그램을 수집하였습니다. 연구가 진행되었던 교육 프로그램에 대해서 간략히 정보와 함께 소개하였고, 프로그램 회기별 중재 내용 혹은 참고할 수 있는 차시 안도 첨부하였습니다. 이와 같은 과정을 통해 어떻게 경계선 지능 학생을 지도해야 할지 확인할 수 있습니다.

이 책은 여러 사람의 집단 연구 과정을 통하여 결실을 맺게 되었습니다. 특히 서울대학교 SSK교육사각지대 학습자 연구단의 집단 연구 과정에 참여한 연구원들이 같이 공부하고 또한 정리하느라 애썼습니다. 우리 연구단은 앞으로도 다양한 이론적 · 실제적 접근을 모색하고 이를 널리 나누는 선순환의 연구 공동체를 구성해 나가겠습니다.

2025년 9월 관악에서

김동일(서울대학교 교수, SNU_SSK교육사각지대학습자 연구단 단장)

차례

Chapter 1

지각훈련

초등학교 6학년인 ○○이는 비슷한 글자나 숫자를 읽을 때 어려움을 겪는다. 'ㄱ'과 'ㅋ', 'ㅏ'와 'ㅑ'처럼 비슷한 형태의 글자를 헷갈려 하고 방향을 잘 인식하지 못해서 'ㅏ'와 'ㅓ'를 혼동한다. 수학 시간에는 오각형과 육각형 같은 도형을 구분하기 어려워하는 등 눈으로 본 것을 해석하고 구분하는 것을 힘들어한다. 또한 비슷한 발음의 단어를 들었을 때 정확히 구분하지 못하여 뜻을 잘못 알아듣는 경우가 종종 있다. 이처럼 읽고 쓰기, 계산하기 등의 영역에서 정확한 지각을 하지 못해 학교 수업을 따라가기 어려워한다.

점검해 볼까요

경계선 지능 학생들은 비슷한 모양을 구분하기 어려워하거나 말소리를 듣고 음소를 변별하지 못하는 특성이 있다. 다음 내용은 경계선 지능 학생들의 지각과 관련하여 점검해 볼 수 있는 내용이다. 경계선 지능 학생은 글자를 읽거나 쓸 때, 그림을 인식하거나 그릴 때 어려움을 보일 수 있음을 확인할 수 있다.

지각훈련 관련 점검해 볼 수 있는 내용

비슷한 글자나 숫자를 읽을 때 자주 헷갈려요.

상하좌우 등의 방향을 혼동해요.

비슷하게 발음되는 단어를 듣고 구분하기 어려워할 때가 있어요.

간단한 그림이나 도형을 보고 그대로 따라 그리기 어려워해요.

알아볼까요

1. 지각이란

1) 지각이란 무엇인가요

지각(知覺, Perception)이란 시각, 청각, 촉각, 후각, 미각의 감각 정보를 조직화하고 식별하여 해석하는 과정으로, 감각 자료를 바탕으로 세상과 사물의 속성을 자각하는 표상과 과정을 통틀어 말한다. 쉽게 말해 우리의 감각 기관을 통해 들어온 정보로 주변 세상을 이해하는 과정이다. 인간이 자신이 살아가는 환경과 그 환경 내의 대상들을 정확하게 인식하고 변별하는 것은 생존과 적응에 매우 중요하다.

2) 지각의 종류에는 어떤 것들이 있나요

지각은 크게 시지각과 말소리 지각(청지각)으로 구분할 수 있다. 시지각(visual perception)이란 시각 기관을 통해 외부의 환경을 인지하는 기능을 뜻하며, 눈으로 정확하게 보는 능력을 넘어 두뇌 활동으로 이루어지는 시각 자극의 해석 능력까지 포함한다. 청지각은 말소리를 변별하고 지각하는 능력이다.

(1) 시지각

오감을 통해 주변 세계를 지각하지만 이들 중 시각이 가장 중요하다고 말하는 입장이 있다. 시지각은 보는 것을 인식할 수 있도록 시각 자극을 처리하고 주변 세계를 이해할 수 있게 한다.

시지각 문제가 있으면 일상생활에 어려움이 있을 수밖에 없다. 시지각 발달이 지체된 아동은 사물을 인지하는 것과 사물 간의 관계를 지각하는 일에 어려움을 보이며 운동과 놀이에도 서툴다. 무엇보다 시지각 발달의 지체는 지능 수준과 무관하게 문자 학습을 곤란하게 한다. 유치원이나 초등학교 저학년 시기 동안 시지각이 학습 수행에 필요한 정도로 충분히 성숙하지 못했다면 이후 학습적 어려움을 겪을 가능성이 커진다. 지각 장애를 가진 아동은 단어와 그림 등을 인지, 변별, 해석하는 데 어려움을 가지고 있기 때문에 교통신호, 위험신호, 방향 표시 등을 알아보는 속도가 느리며 본 것을 이해하는 속도가 느릴 수 있다. 글자나 문자를 볼 때 유사한 대상을 잘 구별하지 못하므로 정확한 인식을 할 수 없고, 유사한 단어나 구를 구분할 수가 없다. 만일 유사한 단어나 구의 차이를 구별할 수 있더라도 지각하는 속도가 매우 느리다. 이들은 글자를 정확하게 모방할 수 없고 육각형과 팔각형의 차이를 구별할 줄 모른다.

성공적인 문자 학습을 위해서는 숙련된 시지각 기술이 요구된다. 자음과 모음은 시각 자극이기 때문에 읽기를 위해 시각적 변별력, 시각적 기억력, 공간 이해력, 형태 항상성, 시각적 집단화 등의 기본 시지각 과정이 이루어져야 한다. 읽기를 위해서는 글자들이 수직선, 수평선, 곡선으로 이루어졌다는 사실을 습득하고 자음과 모음을 식별할 수 있어야 하며 글자와 유사 형태들을 구별할 필요가 있다.

시지각은 도형 학습 능력과도 연관 있다. 공간에서 자극을 인식하여 선행 지식과 연결하는 공간 지각력, 주어진 시각적 형상에서 부분들 간의 관계를 인식하는 공간 시각화 능력이 저조하면 도형 학습을 어려워한다.

(2) 말소리 지각

언어를 습득하고 산출하기 위해서는 말소리를 변별하고 지각하는 것이 필수이다. 이 단계에서 어려움을 보일 경우 낱말 내 음소 간 차이를 정확히 지각하지 못하게 되며, 이는 말 산출 오류와 어휘 습득 문제로 이어진다. 말 지각 능력은 개별 말소리의 음향 정보에 기반하여 목표 말소리와 다른 말소리의 차이를 감지하고 구분하는 능력으로, 어휘 습득과 정확한 말소리 산출에 필수적이다. 예를 들어, 한국어에서 '달'과 '탈', '공'과 '콩'을 구분하기 위해서는 /ㄷ/과 /ㅌ/, /ㄱ/과 /ㅋ/의 소리를 구분해야 한다. 두 소리를 구별할 수 없다면 관련 어휘를 변별하여 습득하고 사용하는 것이 불가능해지며, 의사소통이 어려워진다. 이처럼 말소리 지각에 어려움을 겪는 아동은 특정 언어의 말소리를 구분하는 것과 그를 통해 올바른 산출과 잘못된 산출의 차이를 감지하는 것을 어려워한다.

2. 경계선 지능 학생의 지각

1) 경계선 지능 학생의 지각적 특징은 무엇인가요

경계선 지능 아동은 청각 및 시각적 지각에서 어려움을 보이며 시각-운동 협응력이 저조하다. 비슷한 글자(예: 가와 거)나 숫자(6과 9)를 읽을 때 자주 혼동하고 간단한 그림이나 도형을 보고 그대로 따라 그리기 어려워한다. 철자와 소리를 인식하고 단어의 형태를 구별하는 음운 인식과 단어 인지를 힘들어한다. 또한 눈에 익숙하지 않은 자소형태를 이해하기 어려워하고 불편하다고 생각하는 경향이 있음이 나타났다.

시지각의 어려움은 일상생활과 학습에 많은 영향을 미친다. 시지각 능력이 저조할 경우 일상에서는 그림을 그릴 때, 퍼즐을 맞출 때, 길을 찾을 때 등 다양한 활동에 어려움을 보일 가능성이 높다. 학습 과정에서 글자, 숫자, 도형 인식을 잘못해서 교과 학습에 지장을 줄 가능성이 있으며, 글자를 쓸 때 글자 크기를 공간에 맞추지 못하거나 중요한 부분을 빼고 쓰기도 한다. 특히 쓰기는 글자의 시각적 이미지와 운동 반응을 통합하는 능력이 요구되는데, 이러한 능력이 부족하다면 단어를 쓸 때 손을 어떻게 움직여야 할지 잘 알지 못한다.

적용해 볼까요

구체적인 중재 및 지도 방법

일반적인 지각 능력 향상 전략과 경계선 장애 청소년의 지각에 도움이 될 수 있는 구체적인 교육 지원을 소개한다. 지각 능력을 향상시키기 위해서는 다양한 시·청각 자극에 노출되면서 자극을 변별하고 통합하는 과정을 꾸준히 반복하는 것이 필요하다. 이를 위해 학생의 수준과 흥미에 맞는 활동을 하는 것이 중요하다.

1) 일반적 지각 능력 향상 전략

(1) 퍼즐 맞추기

퍼즐 맞추기는 시각 정보 처리 능력과 공간 인식 능력을 향상시키는 데 도움이 된다.

- 쉬운 퍼즐부터 시작하여 점차 난이도를 높여 간다.
- 학생의 흥미와 능력 수준에 맞게 퍼즐 조각 수와 그림의 종류를 조절한다.
- 매일 10~20분씩 꾸준히 진행한다.

(2) 블록 쌓기

블록을 조립하고 쌓아 보면서 공간 감각을 기를 수 있으며, 시각과 운동의 협응 능력 역시 향상시킬 수 있다.

- 단순한 탑 모양의 쌓기부터 시작해서 점점 복잡한 모양으로 조립해 본다.
- 활동에 흥미를 잃지 않고 성취감을 느끼도록 칭찬하고 격려한다.

2) 경계선 지능 학생을 위한 교육 지원

(1) 글자와 숫자 지각 향상하기

- 헷갈리기 쉬운 글자(예: ㄱ과 ㅋ, ㅏ와 ㅑ)와 숫자(예: 6과 9)를 특정 색으로 구분할 수 있도록 한다.
- 글자를 크게 만들어 손가락으로 따라 쓰며 촉각을 함께 활용하여 글자를 구분하고 인식하도록 한다.

(2) 도형과 공간 인식 능력 향상하기

- 도형을 일상의 사물과 연관지어 인식할 수 있도록 한다. 예를 들어, 삼각형은 피자 조각, 원은 동전과 같이 학생에게 익숙한 사물을 활용한다.
- 점선–실선–백지와 같이 도형을 따라 그릴 때 점진적으로 난이도를 조절한다.

(3) 말소리 구별 능력 향상하기

- 비슷한 소리의 발음(예: ㅂ과 ㅍ, ㄷ과 ㅌ)을 할 때 입 모양과 공기 흐름을 직접 관찰할 수 있도록 한다. 거울을 보거나 휴지를 입 앞에 대고 발음하면서 차이를 명확하게 인식할 수 있다.
- 비슷한 음소가 포함된 단어 카드 쌍을 준비(예: 달–탈, 감–강)하여 교사가 발음하면 해당 카드를 들어 올린다.

교사와 학부모를 위한 팁

① 퍼즐, 블록 등 시각과 공간 정보를 활용하는 활동하기
② 색깔, 촉각 등을 활용하여 헷갈리기 쉬운 글자 반복하기
③ 학생이 흔히 볼 수 있는 사물과 도형을 연결시켜 기억하도록 하기
④ 비슷한 발음의 차이를 직접 보면서 구분할 수 있도록 하기
⑤ 학생의 수준과 흥미에 맞는 활동을 꾸준히 할 수 있도록 지도하기

프로그램 소개

대표 프로그램 내용

조작 활동과 수학 동화를 활용한 뇌 기반 도형 학습 프로그램

1) 프로그램 개관

항목	내용
주요 활동 및 학습 방법	수학과 교육 과정의 초등 1~2학년 도형 영역 성취 기준을 바탕으로 하였다. ① 직육면체, 원기둥, 구의 모양을 찾고 그것들을 이용하여 여러 가지 모양 만들기, ② 쌓기 나무를 이용하여 입체도형의 모양을 만들고 그 모양에 대해 위치나 방향 말하기, ③ 삼각형, 사각형, 원의 모양을 찾고 그것들을 이용하여 여러 가지 모양 꾸미기, ④ 삼각형, 사각형, 원을 이해하고 그 모양 그리기, ⑤ 삼각형, 사각형의 공통점 말하고, 오각형, 육각형을 알고 구별하기를 반영하였다.
프로그램 실행 절차	단계별 활동
프로그램 개요	조작 활동과 수학 동화를 활용한 뇌 기반 도형 학습 프로그램으로, 경계선 지능 아동의 도형 학업 성취도와 지각추론 능력을 향상시킨다.
프로그램 기간	주 3회 12회기, 회기당 40분
프로그램 대상자	초등학교 저학년 경계선 지능 아동, 학습 장애 아동
진행자	초등 교사
연구 결과 및 효과	① 조작 활동과 수학 동화를 활용한 뇌 기반 도형 학습 프로그램은 경계선 지능 아동의 도형 학업 성취도에 유의한 차이를 나타냈다. ② 이 프로그램은 경계선 지능 아동의 시공간 기술과 시각-운동 기술을 향상시켰다. 다양한 도형을 찾고 비슷한 모양끼리 분류하는 모양 찾기, 특정 모양을 가진 물건을 이용하여 여러 모양을 만들기, 꾸미는 모양 만들기 활동 등을 통해 경계선 지능 아동이 시각 자극을 분석하고 조직화하는 능력이 향상된 것으로 추측된다. ③ 이 프로그램은 경계선 지능 아동의 두뇌 상태를 긍정적이고 효율적으로 활성화시켰다. 뇌 활성 지수를 측정한 결과 이 프로그램을 통해 경계

	선 지능 아동에게서 8가지 뇌 하위 기능(자기조절 지수, 기초율동 지수, 주의 지수, 활성 지수, 정서 지수, 스트레스 저항 지수, 좌 · 우뇌 균형 지수, 브레인 지수)의 지수가 변화되었다.

2) 프로그램 회기별 주제

회기	단원	학습명	학습 주제	주요 활동
1	원	원 모양 찾기와 알아보기	일상에서 원 모양을 찾고 특징을 말해 본다.	수학 동화, 게임
2		원 모양으로 만들어 보기	원을 활용하여 장식해 본다.	수학 동화, 꾸미기
3	삼각형	삼각형 찾기와 알아보기	일상에서 삼각형 모양을 찾고 특징을 말해 본다.	수학 동화, 게임
4		삼각형으로 만들어 보기	삼각형을 활용하여 장식해 본다.	수학 동화, 꾸미기
5	사각형	사각형 찾기와 알아보기	일상에서 사각형 모양을 찾고 특징을 말해 본다.	수학 동화, 게임
6		사각형으로 만들어 보기	사각형을 활용하여 장식해 본다.	수학 동화, 꾸미기
7	오각형 육각형	오각형과 육각형 찾기와 알아보기	일상에서 오각형, 육각형 모양을 찾고 특징을 말해 본다.	수학 동화, 게임
8		오각형과 육각형으로 만들어 보기	생활 주변의 사물을 오각형과 육각형 모양으로 만들 수 있다.	수학 동화, 꾸미기
9	도형 구성하기	기하학에서 배운 도형으로 구성해 보기	모양을 만드는 데 기하학을 활용할 수 있다.	조작 활동
10		같은 모양 쌓기	도형을 분류하고, 같은 유형으로 쌓을 수 있다.	조작 활동
11	도형 활용하기	도형 나라 꾸미기	수학 동화를 들으며 도형 나라를 꾸밀 수 있다.	수학 동화, 꾸미기
12		다양한 게임해 보기	칠교 놀이, 쌓기 놀이 등을 할 수 있다.	조작 활동, 게임

3) 프로그램 지도안(예시)

주제	활동명	주요 뇌 영역	활동 목표	차시	주요 활동
사각형 알기	사각형 모양 찾기와 알기	측두엽	생활 주변에서 사각형 모양을 찾고, 그 특징을 말할 수 있다.	5/12 (40분)	수학 동화, 게임

학습 단계	학습 과정	교수-학습 활동	시간	기타
도입	준비	• 뇌 체조 • 수업 전 스트레스 상황을 이야기하고 해소하기	5′	두정엽
전개	포괄적인 제시	• 감각 놀이로 학습 동기 유발 • 학습 문제 확인하기 생활 주변에서 사각형 모양을 찾고, 그 특징을 말해 봅시다. • 마인드맵 제시하기	5′	두정엽
	개념형성	• 수학 동화 듣기 『지혜로운 딸의 선물』 옛날 어느 마을에 아ㅁ주 큰 부자가 있었어. 얼마나 땅이 많았던지 부자의 땅을 밟지 않고는 지나다닐 수 없을 정도였지……. (중략) “사각형 액자를 만들어라. 4개의 선분으로 둘러싸인 도형 알지?” 목수들은 모두 실력을 뽐내면서 여러 가지 모양의 사각형 액자를 만들기 시작했어……. (중략) “위와 아래의 변이 서로 평행이 아닌 사각형은 가져가시오.” “사각형은 4개의 선분으로 둘러싸인 도형을 사각형이라고 하는데 여기서 4개의 선분을 사각형의 변이라고 해요. 사각형에는 4개의 변과 4개의 꼭짓점, 4개의 각이 있어요.” (중략) 부자는 그제야 딸의 뜻을 알게 되었어. 부자는 딸에게 받은 선물 덕분에 여러 사람에게 존경을 받으며 아주 행복하게 오래 살았대. • 게임: 생활 주변의 물건 중 같은 모양 찾기	10′	측두엽

	적용	• 토의하여 문제 해결하기 – 직사각형, 정사각형, 마름모의 공통점과 차이점은 무엇인가요? – 사다리꼴과 평행사변형의 공통점과 차이점은 무엇인가요? • 교사가 되어 설명하기	10′	두정엽
정리	내면화	• 배운 내용 낙서하기	5′	
	확인	• 모양 색칠하기 • 마인드 맵 완성하기	3′	두정엽
	축하	• 느낌 발표하기 • 칭찬하며 음식 나누어 먹기	2′	

참고문헌

권오식, 윤혜경(1996). 4, 5세 아동의 읽기발달에 관한 연구. 아동·가족복지연구, 1, 1-26.

김민정(2002). Frostig 훈련프로그램이 자폐성 장애아동의 시지각 및 학습준비도 발달에 미치는 효과. 미간행 단국대학교 석사학위논문.

김승국(2000). 학습장애 아동 교육의 이론과 실제. 교육과학사.

김정오(1989). 인지과학의 지각 심리학적 기초. 인지과학, 1(2), 193-220.

송명자(1999). 발달심리학. 학지사.

여광응(1989). 시지각발달검사(DTVP): 실시요강. 특수교육.

여광응(1994). 시지각 훈련 프로그램: 이론과 실제. 특수교육.

조안나, 박윤정(2022). 느린학습자용 폰트개발을 위한 글자 요소 실험 Ver.1.0 -Eye-Tracking 측정을 활용한 연구. 기초조형학연구, 23(1), 495-510.

최나야(2009). 유아의 시지각 발달과 읽기: 수 · 방향 · 형태항상성 지각이 한글 단어 읽기에 미치는 영향: 수 · 방향 · 형태항상성 지각이 한글 단어 읽기에 미치는 영향. 아동학회지, 30(2), 161-177.

하정숙, 김자경(2022). 조작활동과 수학동화를 활용한 뇌 기반 도형학습 프로그램이 경계선 지능아동, 학습장애 아동의 뇌 활성화에 미치는 효과. 특수아동교육연구, 24(3), 103-130.

하정숙(2018). 경계선 지능아동을 위한 읽기 중재의 효과. 특수교육학연구, 52(4), 25-48.

한국교육과정평가원(2014). 기초튼튼 학습력 높이기 1 '시지각 훈련 프로그램' 교사용 매뉴얼.

Bang, H., & Ha, S. (2024). Speech Perception and Phonological Representation in 5 to 6 Year-Old Typically Developing Children. *Communication Sciences & Disorders, 29*(3), 631-643.

Hampson, P. J., & Morris, P. E. (1996). *Understanding cognition*. Blackwell.

Martin, N. A. (2006). *Test of visual perceptual skills-third edition*. Academic therapy publications.

Chapter 2

작업 기억

초등학교 4학년인 ○○이는 수업 중 선생님이 구두로 전달한 지시 사항을 한번에 기억하기 어려워 여러 번 되묻는 경우가 많다. 예를 들어, 미술 시간에 준비물을 가져오라는 지시를 들었지만, 자리로 돌아오면 무엇을 가져와야 하는지 잊어버리곤 한다.

또한 여러 단계를 포함한 문제를 해결할 때 순서를 기억하는 데 어려움을 겪는다. 예를 들어, 수학 시간에 나눗셈 문제를 풀 때 나눗셈의 순서를 잘 기억하지 못해 실수를 하거나, 따라 쓰기를 할 때 여러 글자를 한번에 기억하지 못해 중간중간 빠뜨리는 경우가 자주 발생한다.

이에 담임선생님은 ○○이가 기억을 보조할 수 있도록 시각적 자료를 활용하거나, 짧은 지시를 단계별로 제공하는 등의 방법을 고민하고 있다.

점검해 볼까요

경계선 지능 학생들은 단기 기억 및 작업 기억에서 어려움을 겪는 경우가 많으며, 이로 인해 학습 및 일상생활에서 다양한 도전 과제에 직면한다. 다음은 경계선 지능 학생들의 기억력 관련 어려움을 평가할 때 사용되는 요소들이다. 이 학생들은 학습한 내용을 장기적으로 저장하거나, 짧은 시간 내에 들은 정보를 유지하는 데 어려움을 겪는다는 점을 알 수 있다. 또한 연속적인 정보를 순서대로 기억하는 능력이 낮아 절차가 있는 활동에서 실수를 하거나, 여러 단계를 포함한 과제를 수행할 때 혼란을 겪기도 한다.

✦ 작업 기억 관련 점검해 볼 수 있는 내용

방금 배웠는데 돌아서면 잊어버려요.

여러 번 반복해도 잘 기억하지 못해요.

연속적인 순서를 기억하지 못해요.

말하려던 대답을 잊어버리곤 해요.

알아볼까요

1. 작업 기억이란

1) 작업 기억이란 무엇인가요

작업 기억은 우리 뇌에서 정보를 잠깐 저장하고 이를 활용해 여러 가지 생각이나 문제를 해결할 수 있도록 돕는 '작업 공간'이다. 예를 들어, 전화번호를 듣고 바로 적거나, 계산할 때 숫자를 머릿속에 떠올려 계산하는 것과 같은 순간적인 기억과 활동을 말한다.

작업 기억은 아이들의 학습과 생활에 매우 중요한 역할을 한다. 특히 읽기, 쓰기, 수학, 문제 해결 능력 등 대부분의 학습 활동에 영향을 준다. 예를 들어, 수학 문제를 풀 때 문제를 읽고 계산 순서를 기억하거나, 글을 읽으며 내용을 파악하는 데 필수적이다.

(1) 작업 기억의 주요 특징

① 정보를 잠깐 저장함

- 작업 기억은 정보를 짧은 시간 동안 보유하고 처리한다. 예를 들어, 장을 보면서 필요한 물건들을 기억하는 것이 작업 기억의 한 예이다.

② 정보를 조작하고 활용함

- 단순히 저장하는 데 그치지 않고, 그 정보를 활용해 문제를 해결하거나 새로운 것을 배우는 데 도움을 준다.

(2) 작업 기억의 영역별 작동방식

작업 기억은 크게 세 가지 주요 부분으로 나뉜다.

① 음운루프(Phonological Loop)

- 듣고 기억하는 것을 돕는다. 예를 들어, 누군가 말해 준 단어나 숫자를 잠깐 기억하는 것이 여기에 해당한다.

② **시공간 잡기장**(Visuospatial Sketchpad)

- 그림이나 위치와 같은 시각적 정보를 다룬다. 아이들이 퍼즐을 맞추거나 지도를 기억하는 활동에 관련된다.

③ **일화 버퍼**(Episodic Buffer)

- 여러 가지 정보를 하나로 묶어 이야기처럼 기억하게 도와준다. 예를 들어, 책을 읽고 내용을 머릿속에 정리하는 역할을 한다.

2. 경계선 지능 학생의 작업 기억

1) 경계선 지능 학생의 작업 기억 특성

작업 기억은 학습 과정에서 핵심적인 역할을 하며, 정보의 저장과 조작을 통해 학습 수행을 지원하는 인지적 자원이다. 특히 경계선 지능 학생들은 작업 기억의 용량이 제한적이기 때문에 학습 과정에서 어려움을 경험할 가능성이 크다. 이러한 학생들이 효과적으로 학습할 수 있도록 돕기 위해서는 작업 기억을 강화하는 전략과 지원 방법이 필요하다.

경계선 지능 학생들의 작업 기억은 학습과 일상생활에서 중요한 영향을 미친다. 작업 기억이 낮은 아이들은 정보를 일시적으로 유지하고 조작하는 능력이 부족하여 다양한 학습적 어려움을 겪는다. 이들은 단기 기억력이 부족하여 정보를 오래 저장하지 못하거나, 작업 수행 중 필요한 정보를 잊어버리는 경향이 있다. 또한 여러 정보를 동시에 처리해야 할 때 주의가 산만해지거나 혼란을 느끼며, 읽기, 쓰기, 수학 등 학습 전반에서 평균 이하의 성과를 보이는 경우가 많다. 이러한 학생들은 같은 내용을 반복적으로 학습해야만 이해하고 기억할 수 있으며, 새로운 정보를 배우는 데 어려움을 겪는다.

경계선 지능 아동의 작업 기억은 일반 아동에 비해 전반적으로 낮은 경향을 보인다. 특히 시공간 작업 기억이 부족하여 숫자나 그림과 같은 시각적 정보를 처리하는 데 어려움을 겪고, 언어 작업 기억이 약해 단어를 배우고 기억하는 데 시간이 오래 걸리거나 문장을 이해하는 데 어려움을 느낄 수 있다. 이러한 작업 기억의 결함은 학업 수행에도 직접적인 영향을 미친다.

경계선 지능 아동은 읽기와 쓰기 과정에서 좌절감을 경험할 가능성이 크다. 문장을 읽고 이해하는 데 시간이 오래 걸리며, 글을 쓰는 과정에서도 실수가 많아질 수 있다. 또한 수학 문제 해결 시 간단한 계산에서도 숫자나 단계를 기억하지 못해 실수를 범하는 경우가 잦다. 배운 내용을 빠르게 망각하는 경향도 강하며, 이전에 학습한 내용을 다시 떠올리는 것이 쉽지 않다. 이로 인해 학습에서 반복적인 실패를 경험하게 되고, 점차 학업에 대한 자신감을 잃을 위험이 크다.

따라서 경계선 지능 아동의 작업 기억을 효과적으로 지원하기 위해서는 반복 학습을 체계적으로 적용하고, 시각적 보조 자료를 활용하는 등의 전략이 필요하다. 또한 이들의 학업적 좌절감을 최소화하기 위해 적절한 난이도의 학습 과제를 제공하고, 작은 성취를 강조하며 긍정적인 피드백을 제공하는 것이 중요하다.

2) 작업 기억과 학습의 관계

작업 기억은 학습 수행에 필요한 정보를 선택하고 유지하며 조작하는 기능을 담당한다. 연구에 따르면, 작업 기억 능력이 우수한 학생들은 학업 성취도가 높으며, 반대로 작업 기억이 낮은 학생들은 학습 과정에서 지속적인 어려움을 경험하는 경향이 있다. 경계선 지능 학생들은 일반 아동보다 작업 기억 용량이 부족하여 읽기, 쓰기, 수학 등에서 다음과 같은 학습적 문제를 겪는다.

(1) 읽기와 쓰기

작업 기억이 뛰어난 학생들은 글을 읽고 내용을 쉽게 이해하며, 이를 바탕으로 논리적인 글쓰기가 가능하다. 반면, 작업 기억이 낮은 학생들은 문장 구조를 기억하거나 내용을 정리하는 데 어려움을 느낀다. 따라서 학습 과정에서 문장을 간결하게 정리하고, 주요 개념을 반복적으로 노출하는 전략이 필요하다.

(2) 수학

수학은 여러 정보를 동시에 다루어야 하는 과목으로, 작업 기억의 영향을 크게 받는다. 예를 들어, 덧셈과 뺄셈을 수행할 때 숫자를 기억하고 계산 순서를 따라야 하는데, 작업 기억이 약한 학생들은 이러한 과정에서 실수를 자주 범할 수 있다. 이를 보완하기 위해 시각적 도구를 활용하고, 문제 해결 과정을 단계적으로 안내하는 것이 효과적이다.

적용해 볼까요

구체적인 중재 및 지도 방법

작업 기억은 훈련과 적절한 환경 조성을 통해 개선될 수 있다. 효과적인 학습을 위해 다음과 같은 전략을 활용할 수 있다.

1) 시연 전략

시연(rehearsal) 전략은 정보를 지속적으로 반복하여 기억을 강화하는 방법이다. 예를 들어, 중요한 정보를 소리 내어 읽거나, 밑줄을 긋고 노트하는 등의 활동이 포함된다. 이 과정은 단기 기억에서 장기 기억으로 정보를 저장하는 데 기여한다.

2) 의미 조직화 전략

의미 조직화(semantic organization) 전략은 새로운 정보를 의미적 관계를 바탕으로 구조화하여 기억하는 방법이다. 단순한 암기보다는 개념 간 연결을 형성하는 것이 작업 기억의 부담을 줄이고 학습 효과를 높이는 데 도움이 된다. 예를 들어, "왜 이 개념이 중요한가?"라는 질문을 던지며 의미적 연결을 강화하는 방식이 효과적이다.

3) 정교화 전략

정교화(elaboration) 전략은 새로운 정보를 기존 지식과 연결하여 기억을 강화하는 방법이다. 단어쌍 학습 시 두 단어를 포함하는 문장을 만드는 활동이 정교화 전략의 대표적인 예시이다. 이러한 기법은 장기 기억 저장을 촉진하며, 학습된 정보를 보다 쉽게 회상할 수 있도록 돕는다.

4) 단계적 학습

경계선 지능 학생들은 한꺼번에 많은 정보를 처리하는 것이 어렵기 때문에, 학습 내용을 작은 단계로 나누어 제공하는 것이 효과적이다. 예를 들어, 수학 문제를 풀 때 한번에 전체 과정을 설명하기보다 각 단계를 하나씩 제시하고 연습하도록 유도하는 것이 도움이 된다.

5) 시각적 도구 활용

그림, 차트, 다이어그램 등의 시각적 자료를 활용하면 학생들이 정보를 더 쉽게 이해하고 기억할 수 있다. 특히 작업 기억이 부족한 학생들에게는 언어적 자료만 제공하는 것보다 시각적 보조 자료를 함께 제시하는 것이 효과적이다.

6) 게임과 활동 활용

작업 기억을 강화하기 위해 다양한 인지 게임을 활용할 수 있다. 예를 들어, 숫자 기억하기, 카드 뒤집기, 순서 맞추기 등의 게임은 작업 기억 훈련에 효과적이다.

7) 적극적 지원 제공

작업 기억이 낮은 학생들에게는 학습 자료를 짧고 간결하게 제공하는 것이 중요하다. 또한 중간중간 확인 질문을 통해 학습 내용을 점검하고 피드백을 제공해야 한다.

교사와 학부모를 위한 팁

① 반복 연습의 기회 제공하기
② 단계적으로 나누어 정보를 제시하기
③ 시각적 자료와 함께 정보를 제공하기
④ 효과적인 기억 전략 연습하기
⑤ 성공적인 기억 경험을 통해 성취감 이끌기

프로그램 소개

대표 프로그램 내용

작업 기억 훈련 프로그램

이 프로그램은 영역 특수성 기반 작업 기억 훈련을 통해 학습 역량을 높이고자 한다. 기존 연구에 따르면, 이러한 훈련이 작업 기억의 핵심 요소인 조작 및 최신화 기능을 효과적으로 향상시키며, 실험 결과에서도 이러한 개선이 확인되었다. 따라서 이 프로그램은 경계선 지능을 지닌 학생들의 특성을 반영하여 구성되었으며, 실제 교육 현장에서 효과적으로 활용될 수 있을 것으로 기대된다.

1) 프로그램 개관

항목	내용
주요 활동 및 학습 방법	이 프로그램은 작업 기억을 구성하는 유지, 조작, 최신화 기능을 강화하기 위한 다양한 훈련 과제로 구성되어 있다. 주요 활동으로는 숫자 및 언어 기억 훈련, 시공간 정보 조작 훈련, 반응 억제 및 전환 과제 등이 포함된다. 각 과제는 점진적으로 난이도가 조정되며, 개별 학생의 수행 능력에 맞추어 진행된다.
프로그램 실행 절차	• 사전 평가: 학생의 초기 작업 기억 능력을 평가 • 훈련 프로그램 적용: 개인 맞춤형 작업 기억 훈련 시행 • 주기적 피드백 및 난이도 조절: 수행 수준에 따라 난이도 조절 • 사후 평가 및 효과 분석: 프로그램 적용 후 변화 분석
프로그램 개요	이 프로그램은 정보 양식 및 기능 특수성을 반영하여 작업 기억을 체계적으로 훈련하는 것을 목표로 한다. 이를 통해 학습 역량을 강화하고, 실질적인 교육 효과를 기대할 수 있다.
프로그램 대상자	사회취약계층 초등학생
진행 방법	• 주 2회, 총 7주간 진행 • 태블릿 기반 작업 기억 훈련 프로그램 사용 • 개별 맞춤형 난이도 조절 알고리즘 적용 • 1회기당 약 40분 진행

연구 결과 및 효과	• 실험 결과, 조작 및 최신화 기능에서 유의미한 향상 확인 • 유지 기능에서도 전반적인 개선 효과 관찰 • 선택적 주의 및 전환 기능에서는 두드러진 차이 없음 • 영역 특수성을 고려한 작업 기억 훈련이 효과적이라는 점 시사

2) 프로그램 회기별 주제

회기	프로그램 회기별 주제	기능
1	물고기 패턴 기억하기 물고기 순서 기억하기 물고기 순서 거꾸로 기억하기	유지 유지 조작
2	숫자 순서대로 기억하기 숫자 순서대로 따라가기 글자 위치 맞추기	조작 조작 유지
3	글자와 위치 순서 맞추기	유지
4	숫자와 위치 순서 맞추기	유지
5	음식과 위치 순서 맞추기	유지
6	마음대로 순서 만들기 남은 바나나 수 맞추기	최신화 최신화
7	음식 순서 맞추기	유지
8	음식 순서 거꾸로 맞추기	조작
9	숫자 순서 맞추기	유지
10	숫자 순서 거꾸로 맞추기	조작
11	글자 순서 맞추기	유지
12	그림 순서 거꾸로 맞추기	조작
13	O/× 판단하기	억제

3) 세부 과제 예시

(1) 유지 과제

유지 능력을 평가하기 위해 숫자 기억 과제(Forward Digit Span Task)를 활용하였다. 이 과제에서는 1부터 9까지의 숫자가 무작위로 제시되며, 참가자는 이를 순서대로 기억해야 한다. 과제는 총 8단계로 구성되었으며, 단계가 올라갈수록 제시되는 숫자의 개수가 증가하여 최소 2개에서 최대 9개까지 확장된다. 각 단계에서는 동일한 숫자가 중복되지 않도록 구성되었다.

(2) 조작 과제

작업 기억 조작 능력을 측정하기 위해 숫자 역순 기억 과제(Backward Digit Span Task)를 적용하였다. 참가자는 제시된 숫자들을 순서대로 기억한 후, 이를 반대로 입력해야 한다. 이 외의 과제 구성은 유지 과제와 동일하며, 7단계로 이루어져 있다. 단계가 진행될수록 화면에 제시되는 숫자의 개수가 늘어나며, 최소 2개에서 최대 8개까지 증가한다.

(3) 선택적 주의 과제

선택적 주의 능력을 측정하기 위해 수반 자극 과제(Flanker Task)를 사용하였다. 참가자에게는 검은 배경의 화면 중앙에 다섯 개의 화살표가 제시되며, 그중 가운데 화살표가 목표 자극이 된다. 나머지 화살표들은 방해 자극 역할을 하며, 목표 자극과 같은 방향을 가리키는 일치 조건(예: '〈〈〈〈〈' '〉〉〉〉〉')과 반대 방향을 가리키는 불일치 조건(예: '〈〈〉〈〈' '〉〉〈〉〉')이 존재한다. 참가자는 중앙 화살표가 가리키는 방향에 따라 키보드의 'z'키(왼쪽) 또는 'm'키(오른쪽)를 눌러야 하며, 빠르고 정확한 반응이 요구된다.

(4) 전환 과제

전환 기능을 평가하기 위해 색상-모양 전환 과제(Color-Shape Task Switching)를 실시하였다. 화면에는 빨간색 또는 파란색의 원과 사각형이 나타나며, 자극이 제시되기 전 화면 중앙에 과제 규칙을 안내하는 단서가 제공된다. '모양'이라는 단서가 나타나면 참가자는 사각형인지 원인지를 판단해야 하고, '색상' 단서가 나타나면 해당 도형의 색이 빨간색인지 파란색인지 구별해야 한다. 참가자는 양손 검지를 사용하여 사각형에는 'z'키, 원에는 'm'키를 누르도록 하며, 색상 판단 시에는 빨간색일 경우 'z'키, 파란색일 경우 'm'키를 눌러야 한다. 과제는 전환 조건(규칙이 바뀌는 경우)과 반복 조건(규칙이 유지되는 경우)으로 나누어 진행된다.

(5) 시공간 최신화 과제

시공간 정보를 최신화하는 능력을 평가하기 위해 시공간 2-back 과제(Spatial 2-back Task)를 적용하였다. 검은 화면 중앙에 고정된 기준점을 중심으로, 8개의 고정된 위치 중 하나에 사각형 자극이 나타난다. 참가자는 현재 화면에 나타난 자극의 위치가 두 시행 전의 자극 위치와 동일한지 여부를 판단해야 한다.

(6) 언어 최신화 과제

언어적 정보의 최신화 능력을 측정하기 위해 언어 2-back 과제(Verbal 2-back Task)를 사용하였다. 1부터 8까지의 숫자 중 하나가 화면 중앙에 나타나며, 참가자는 현재 숫자가 두 시행 전에 제시된 숫자와 일치하는지 여부를 판단해야 한다.

참고문헌

이경면, 홍지윤, 허주연, 허재홍, 김초복, 신창환, 이우진(2019). 영역 특수성 기반 작업 기억 훈련의 효과: 사회 취약계층 아동을 중심으로. 사회과학연구, 30(1), 195–210.

이새별, 강옥려(2020). 경계선급 지능 아동의 작업 기억 특성 분석. 학습장애연구, 17(2), 1-27.

이태연, 이광성(2016). 의미 조직화 전략의 훈련에 미치는 작업 기억 용량의 효과. 열린교육연구, 24(1), 23–38.

홍선주, 이명진, 정은주, 김초복, 손영돈(2015). ADHD 아동용 작업 기억 훈련 프로그램 개발과 효과 검증. 교육과정평가연구, 18(3), 209–232.

Bobrow, S. A., & Bower, G. H. (1969). Comprehension and recall of sentences. *Journal of experimental Psychology, 80*(3), 455–461.

Cornoldi, C., Carretti, B., Drusi, S., & Tencati, C. (2015). Improving problem solving in primary school students: The effect of a training programme focusing on metacognition and working memory. *British journal of educational psychology, 85*(3), 424–439.

Finn, B., & Roediger III, H. L. (2011). Enhancing retention through reconsolidation: Negative emotional arousal following retrieval enhances later recall. *Psychological science, 22*(6), 781–786.

Chapter 3

주의집중

초등학교 6학년인 ○○이는 경계선 지능을 가지고 있으며, 주의집중 유지에 어려움을 보인다. 수업 중 쉽게 산만해지며, 외부 자극에 민감하게 반응하여 교사의 설명을 끝까지 듣지 못하는 경우가 많다. 학습 과제를 수행할 때도 짧은 시간만 집중하고 금방 흥미를 잃으며, 자주 자리를 이탈하거나 다른 활동에 관심을 보인다. 교사가 반복적으로 주의를 환기시키려 하지만 반응이 일관되지 않으며, 스스로 집중력을 조절하는 능력이 부족하다. 이러한 어려움이 지속되면서 학업 성취도가 낮아지고, 학습에 대한 자신감 역시 떨어지는 모습을 보인다. 부모는 ○○이가 학습에 지속적으로 참여할 수 있도록 다양한 방법을 시도하고 있지만, 효과적인 전략을 찾는 데 어려움을 겪고 있다.

점검해 볼까요

경계선 지능 학생들은 주의집중에 있어 오래 유지하기 어렵거나 쉽게 분산되는 경향이 있음이 나타난다. 다음에 나타난 문항은 경계선 지능 학생 선별 체크리스트에 나타난 학생들의 특성을 정리한 내용이다. 보통 쉽게 산만해지거나 주의집중 시간이 지나치게 짧은지를 유심하게 보고 있다. 또한 주의집중이 필요한 때 적절하게 집중할 수 있는지를 주요한 체크항목으로 본다.

✦ 주의집중 관련 점검해 볼 수 있는 내용

주의집중 시간이
너무 짧아요.

수업 시간 대부분 집중하지
못하고 멍하니 앉아 있어요.

주의집중을 필요로 하는
활동에서 또래보다
쉽게 지쳐요.

과제를 할 때 주의가
너무 산만해요.

알아볼까요

1. 주의집중이란

1) 주의집중이란 무엇인가요

주의집중이란 특정 대상이나 활동에 의식을 집중하여 정보를 선택하고 처리하는 인지 과정을 의미한다. 주의집중과 관련해서는 여러 학자마다 의견이 다르지만 대표적인 정의를 소개하면 선택과 집중으로 나눌 수 있다. 선택적 주의집중력은 중요한 정보에 집중하고, 중요하지 않은 정보를 무시하는 능력을 의미한다. 집중은 지속적 주의집중력으로 불리며, 시간이 경과해도 주의를 지속적으로 기울일 수 있는 능력이라고 할 수 있다.

2) 주의집중에 영향을 미치는 요인은 무엇인가요

주의집중은 여러 가지 개인 내적 요인과 환경적 요인의 영향을 받게 된다. 주의집중에 영향을 미치는 요인에 대해서 알아보면 다음과 같다.

(1) 개인 내적 요인

먼저, 개인 내적인 요인으로는 인지적 요인, 정서적 요인, 동기 수준, 신체적 상태 등이 영향을 미치게 된다. 인지적으로는 작업 기억 용량, 정보 처리속도, 실행 기능의 수준과 주의집중 능력 간에 영향이 있다고 할 수 있다. 정서적 요인은 불안이나 스트레스, 우울이 높은 경우 주의집중을 방해하게 된다. 동기 수준은 학습 내용이나 과제에 대한 내적 동기와 흥미가 높을 경우 주의집중력이 향상한다고 할 수 있다. 신체적 상태의 경우 수면 부족, 영양 상태 부족, 피로 누적 등은 주의집중 유지 능력과 관련이 있는 것으로 나타난다.

(2) 환경적 요인

환경적 요인을 살펴보면 지나치게 시끄럽고 많은 소리나 시각적 방해 요소는 주의

산만을 일으키게 된다. 교사의 피드백, 또래와의 관계, 가정 분위기 등은 사회적 환경으로서 주의집중력에 영향을 주게 된다. 마지막으로, 과제의 난이도나 흥미, 제한된 시간 여부 등과 주의집중력 간의 관계도 확인할 수 있다.

3) 주의집중을 방해하는 요인은 무엇인가요

기본적으로 인지적 · 정서적 · 환경적 · 신경생리적 요인이 주의집중을 방해하게 된다. 앞에서 열거한 내용 외의 주의집중을 방해하는 요인에 대해서 설명하면 다음과 같다.

- **인지적 과부하**: 너무 많은 정보를 한꺼번에 처리해야 할 경우 주의집중이 분산된다.
- **멀티태스킹**: 여러 가지 일을 동시에 하려 하면 주의가 분산되어 수행 능력이 저하된다.

2. 경계선 지능 학생의 주의집중

1) 경계선 지능 학생에게 주의집중이 어려운 이유는 무엇인가요

경계선 지능 학생은 주의집중시간이 비교적 짧다. 그 이유에는 작업 기억과 실행 기능의 결함 때문이라는 이유가 나타나고 있다. 작업 기억은 생각을 하는 동안 정보를 유지하도록 하는 능력이고, 실행 기능은 목표를 달성하기 위해 필요하지 않은 자극은 억제하고, 필요한 정보를 선택적으로 기억하며, 문제 해결 과정에서 인지적 유연성을 발휘하는 능력을 의미한다. 이러한 기능은 주의집중을 유지하는 데 필요하다. 그러나 작업 기억과 실행 기능의 결함으로 인해 또래에 비해 학습이 지연되고, 그에 맞춰 자신의 학년에 맞는 교과 과정을 학습해야 하기 때문에 오랜 기간 반복적으로 학습에서 좌절을 느껴 학습 동기가 저하되어 있다. 이러한 특성은 과제를 어렵게 느끼게 할 뿐만 아니라 자신이 과제를 수행할 수 없다고 느끼는 경우 주의가 산만해진다.

2) 경계선 지능과 주의력결핍 과잉행동장애(ADHD)가 관련이 있나요

경계선 지능은 낮은 지능 지수로 인해 학업 및 사회적 어려움을 보이는 것이 대표적인 특성이다. 반면, 주의력결핍 과잉행동장애(ADHD)는 주의력 부족, 과잉행동, 충동성의 주요한 특징을 지니며, 특정 영역에서 과제를 수행하는 데 어려움을 보인다. ADHD는 부주의 및 과잉행동과 충동성으로 인해 그 자체로 유발되는 1차적 문제뿐 아니라 이로 인해 인지적 기능, 발달, 학업 수행, 정서 및 사회적 문제 혹은 의학이나 건강적인 부분까지 2차적 문제가 발생한다. 경계선 지능과 주의력결핍 과잉행동장애(ADHD)는 다른 개념이지만, 임상적으로 상당한 연관성을 보이며 두 집단 간에는 공존(함께 존재) 현상이 자주 나타난다.

적용해 볼까요

구체적인 중재 및 지도 방법

주의집중에 어려움을 겪는 교육사각지대 학습자들의 효과적인 주의집중 능력 증진을 위해 효과적으로 입증된 구체적인 교육 지원 방안을 제시하고자 한다. 주의집중을 잘하는 것은 학습과 일상생활에서 중요한 인지능력이며, 다양한 전략을 통해 효과적으로 향상할 수 있다. 크게 인지 훈련, 환경 조절, 정서 조절, 신체 건강 관리 등이 주의집중을 높이는 데 도움이 된다.

1) 인지 훈련을 통한 주의집중 향상

작업 기억 훈련은 주의집중과 높은 상관관계가 있기 때문에 기억력 게임, 집중력 게임, 시각적 훈련 등을 통해 주의집중을 향상할 수 있다. 호흡 명상이나 집중 명상 등을 통해서도 훈련을 할 수 있다.

2) 환경 조절을 통한 주의집중 향상

주변 환경을 정돈하고, 책상 위 불필요한 물건을 정리하는 것은 도움이 된다. 방해요소를 차단하는 앱을 사용하고, 특정 시간 동안 인터넷 차단을 하는 것이 효율적이다. 적절한 조명과 쾌적한 온도는 주의집중에 많은 도움이 된다.

3) 정서 조절을 통한 주의집중 향상

스트레스가 높은 상태에서는 주의집중 유지가 어렵기 때문에 심호흡, 명상, 긍정적 자기대화를 추천할 수 있다. 내적 동기를 높일 수 있는 목표 설정이나 학습 보상 시스템을 활용하는 것을 추천한다.

4) 신체 건강 관리를 통한 주의집중 향상

수면 부족은 주의집중에 부정적인 영향을 미치기 때문에 규칙적인 취침습관과 7~9시간 수면 유지를 하는 것이 중요하다. 규칙적인 운동 습관과 건강한 식습관 유지는 주의집중의 향상으로 이어진다.

교사와 학부모를 위한 팁

① 짧게 과제를 제시하기
② 학생의 흥미를 고려해서 과제를 제시할 것
③ 수준에 맞는 적절한 과제 제시하기
④ 집중할 수 있는 환경 제공하기
⑤ 주의집중력을 증진할 수 있는 훈련을 연습하기

프로그램 소개

대표 프로그램 내용

타악기 앙상블 중심의 집단음악치료

1) 프로그램 개관

항목	내용
주요 활동 및 학습 방법	경계선 지능 청소년의 주의집중력과 불안 및 우울을 위한 타악기 앙상블 중심의 집단음악치료 프로그램을 통해 50분씩 10회기로 구성된 프로그램을 실시한다.
프로그램 실행 절차	50분씩 총 10회기로 구성하였으며 장소는 H센터 다목적실에서 실시
프로그램 개요	• 초입 단계: 참여 동기를 자극할 수 있도록 흥미 유발과 라포르 형성을 계획 • 중기 단계: 주의집중력 향상과 불안 및 우울 감소를 위한 성공적이고 긍정적인 경험, 성취감, 자기표현을 향상할 수 있는 타악기 앙상블 음악치료 프로그램으로 진행 • 종결 단계: 그동안의 회기를 통해 연습한 타악기 앙상블 연주를 센터 담당자, 가족 및 친구에게 발표하는 발표회를 계획
프로그램 기간	제시되지 않음
프로그램 대상자	경계선 지능 청소년
진행자	연구자
진행방법	실험 집단과 통제 집단을 나누어 사전 동질성을 확보한 후, 실험 집단에게 처치를 진행함
연구 결과 및 효과	프로그램 실시 후, 주의집중력, 불안, 우울에 대한 변화를 살펴보았다. 첫째, 주의집중력에 있어서 실험 집단의 경우 유의한 증가를 보였다. 그러나 통제 집단은 유의미한 변화를 보이지 않았다. 둘째, 불안에 있어서 실험 집단의 경우 유의한 증가를 보였다. 그러나 통제 집단은 유의미한 변화를 보이지 않았다. 셋째, 우울에 있어서 실험 집단의 경우 유의한 증가를 보였다. 그러나 통제 집단은 유의미한 변화를 보이지 않았다. 이는 프로그램 실시 여부에 따라 주의집중력, 불안, 우울에 있어 효과가 있음이 확인되는 연구 결과이다.

2) 프로그램 회기별 주제

회기	프로그램 회기별 주제	활동
1	• 라포르 형성 • 흥미 유발	– 타악기 소개 및 탐색 – 말 리듬을 이용한 자기소개 및 타악기 연구
2	• 자기통제력 향상 • 지속적 주의력 향상 • 선택적 주의력 향상	– 리듬 모방하기 – 리듬 쌓기 게임
3	• 자기통제력 향상 • 지속적 주의력 향상	– 익숙한 음악에 맞춰 타악기 연주 – 그룹 리듬게임(Stop & Go)
4	• 선택적 주의력 향상 • 긍정적 경험	– 악기 색깔 연주 – 지휘에 맞춰 합주하기
5	• 감정 표출 및 자기표현 • 자기통제력 향상 • 지속적 주의력 향상 • 선택적 주의력 향상	– 무율 타악기 즉흥연주 – 리듬 파도타기
6	• 감정 표출 및 자기표현 • 긍정적 경험 • 성취감 향상	– 유율 타악기 즉흥연주 – 기존의 타악기 앙상블 연주
7~9	• 긍정적 경험 • 성취감 향상 • 주의집중력 향상	– 우리만의 타악기 앙상블 만들기
10	• 긍정적 경험 • 성취감	– 타악기 앙상블 발표회

참고문헌

김서현, 김현정(2023). 경계선 지능 아동의 주의집중력 향상 및 과잉행동 감소를 위한 음악치료 사례연구. 인문사회21, 14(2), 2105–2118.

오대석, 강경선(2024). 타악기앙상블 중심의 집단음악치료가 경계선 지능 청소년의 주의집중력과 불안 및 우울에 미치는 영향. 발달장애연구, 28(2), 255–273.

Barkley, R. A.(1997). Behavioral inhibition sustained attention, and executive function: constructing a unifying theory of ADHD. *Psychological Bulletin, 121*(1), 65–94.

Douglas, V. L. (1983). Attention and cognitive problem. In M. Rutter (Ed.), *Developmental neuropsychiatry.* Guilford Press.

Eysenck, M. W., Derakshan, N., Santos, R., & Calvo, M. G. (2007). Anxiety and cognitive performance: Attentional control theory. *Emotion, 7*(2), 336–353.

Kane, M. J., & Engle, R. W. (2003). Working-memory capacity and the control of attention: The contributions of goal neglect, response competition, and task set to Stroop interference. *Journal of Experimental Psychology: General, 132*(1), 47–70.

Chapter 4

처리속도

초등학교 6학년 ○○이는 수업 시간에 과제를 시작하는 데 시간이 오래 걸리고, 문제를 읽고도 한참을 고민하거나 멍하니 있는 경우가 많다. 담임선생님께서는 ○○이가 질문을 들은 후에도 바로 반응하지 못하고, 몇 차례 되물은 뒤에야 천천히 대답하려는 모습을 자주 보인다고 하셨다. 연산 문제나 읽기 자료에서도 글자나 숫자를 빠르게 인식하지 못해 문제 해결 속도가 느리고, 과제 수행 도중 흐름이 자주 끊기는 모습을 보인다. 특히 시간 제한이 있는 활동에서는 당황하거나 포기하려는 태도를 보이며, 여러 정보를 동시에 처리해야 하는 과제에서는 실수가 잦고 마무리까지 도달하지 못하는 경우도 많다고 한다.

○○이의 부모님은 아이가 학습 과제에 자신 없어 하는 모습을 자주 보이며, "나는 느려서 못해."라는 말을 반복하면서 스스로를 위축시키는 것이 걱정된다고 말씀하셨다. 최근에는 과제를 회피하거나 친구들과의 협동 활동에서도 반응이 느리다는 이유로 소외감을 느끼는 것 같아, 이를 어떻게 도와야 할지 고민하고 있다.

점검해 볼까요

초등 고학년 이후부터는 학습 속도가 빨라지고 과제 수행에서 정확성과 속도를 동시에 요구받는 경우가 많아진다. 그러나 경계선 지능 학생들은 과제의 시작부터 반응까지 오랜 시간이 걸리거나, 과제 흐름을 따라가지 못해 학습 과정에서 어려움을 겪는 경우가 많다. 이 과정에서 처리속도가 느린 학생들은 문제를 이해하는 데 시간이 오래 걸리거나, 반응이 지연되면서 반복적인 실패를 경험하게 된다. 다음의 내용을 살펴보면, 과제를 수행할 때 처리속도의 어려움으로 인해 나타나는 특성들을 확인할 수 있다.

✦ 처리속도 관련 점검해 볼 수 있는 내용

문제를 보면 어떻게
시작해야 할지 몰라서
멍하게 있어요.

단순한 문제도 푸는 데 시간이
오래 걸려요.

지시를 듣고도 바로 행동으로
옮기지 못해요.

여러 정보를 한꺼번에
처리하지 못해
실수를 자주 해요.

알아볼까요

1. 처리속도란

1) 처리속도란 무엇인가요

처리속도(processing speed)란 주어진 자극을 신속하게 인식하고, 이에 적절한 반응을 산출하기까지의 인지적 처리 과정을 의미한다. 이는 단순히 빠르게 반응하는 능력만을 의미하는 것이 아니라, 시각적 · 청각적 자극을 해석하고, 과제의 요구를 이해하며, 그에 따라 정확한 결과를 산출하기까지의 전체적인 인지 효율성과 연결된다. 처리속도는 아동기 인지 발달의 핵심 지표 중 하나이며, 정보 처리 체계 전반의 기능성과 밀접한 관계가 있다.

처리속도는 읽기, 쓰기, 수학과 같은 학업 수행뿐만 아니라 일상생활의 판단, 선택, 반응 시간에도 영향을 미치며, 특히 경계선 지능 아동이나 학습 지원 대상 학생의 경우 이러한 처리속도의 저하가 학습 전반에 걸쳐 부정적인 영향을 미칠 수 있다. 따라서 인지 부하를 줄이면서도 효율적인 정보 처리 전략을 기를 수 있는 훈련이 필요하다.

2) 처리속도는 왜 중요할까요

처리속도는 학습 전반의 기본 바탕이 되는 인지 능력으로, 정보 해석, 문제 해결, 과제 수행에 이르는 전 과정을 시간 내에 처리할 수 있는 능력과 직결된다. 특히 경계선 지능 학생이나 학습에 어려움을 보이는 아동은 처리속도가 느릴 경우 수업의 흐름을 따라가지 못하거나 과제 수행에 반복적인 실패 경험을 겪게 되며, 이는 학습 동기 저하와 자존감 감소로 이어질 수 있다.

처리속도는 단독 기능이 아니라 주의집중력, 작업 기억, 반응조절력과 같은 복합 인지 요소와 상호작용하며 발달하므로, 향상을 위해서는 반복적이고 구조화된 훈련이 필요하다. 또한 처리속도의 저하는 복잡한 인지 과제를 수행할 때 결정적인 제약 요소가 되므로, 조기 개입과 지속적인 훈련이 중요하다.

3) 처리속도는 어떤 발달 단계를 거치나요

처리속도는 연령에 따라 점진적으로 향상되며, 인지 발달의 핵심적 지표 중 하나로 간주된다. 아동기부터 청소년기까지 정보 처리의 자동화와 신경학적 효율성이 높아지며 처리속도가 비약적으로 향상된다.

영유아기에는 단순 자극에 대한 반응 시간이 다소 느리고, 시각 · 청각 자극에 대한 선택적 주의가 불안정한 상태이다. 유아기부터는 제한된 범위 내에서 비교적 빠른 반응을 보일 수 있으며, 초등기(특히, 저학년)는 처리속도와 과제 지속시간 간의 균형이 매우 중요해지는 시기이다. 이 시기에는 짧은 과제를 빠르게 수행하는 훈련을 통해 처리속도의 기초가 형성된다.

고학년 이후에는 다양한 자극 간의 구별 능력, 반응 선택 속도, 과제 간 전환 능력 등 복합적 정보 처리 능력이 발달하며, 청소년기에는 대부분의 처리속도 능력이 성인 수준에 근접하게 된다. 성인기에는 수행의 정확성과 속도를 조절하는 메타인지 전략이 강화된다.

2. 경계선 지능 학생의 처리속도

1) 경계선 지능 학생의 발달 단계에 따른 처리속도의 특징은 무엇인가요

경계선 지능 학생들은 일반적인 처리속도 발달 경로를 따르지만, 각 발달 단계에서 정보를 빠르고 효율적으로 처리하는 능력에 지속적인 어려움을 보이는 경향이 있다. 아동기에서 청소년기에 이르기까지 처리속도가 점진적으로 발달하며, 이는 신경학적 효율성과 자동화 수준의 향상과 관련된다. 하지만 경계선 지능 학생은 이러한 처리속도의 자동화 과정이 더디거나 불안정하게 나타나는 특징이 있다.

영유아기에는 시각적 · 청각적 자극에 대한 반응이 느리고, 과제에 주의를 집중하거나 정보를 빠르게 해석하는 데 시간이 오래 걸린다. 제한된 주의폭과 반응 지연은 초기 발달 단계에서부터 관찰될 수 있다.

초등 저학년 시기에는 단순한 자극에 대한 반응은 가능하지만, 정보량이 조금만 많아져도 혼란을 보이며 처리속도가 급격히 느려지는 경향이 있다. 예를 들어, 두 개 이상의 정보를 순차적으로 처리하거나, 제한된 시간 안에 문제를 해결해야 하는 상황에서 반복적으로 실수를 하거나 반응을 중단하는 모습이 나타난다.

초등 고학년에는 시지각적 정보 처리, 주의 전환, 선택 반응 과제에서 속도와 정확도 간의 균형을 유지하는 데 어려움을 겪는다. 과제 지시를 해석하고 행동으로 옮기기까지 시간이 오래 걸리며, 순서 기억이나 단기 기억을 요구하는 과제에서는 오류율이 증가한다.

청소년기에는 학습 과제가 점차 복잡해지고 속도 요구가 높아짐에도 불구하고, 경계선 지능 학생은 처리 과정에서 여전히 지연을 보이며, 학습 과제 수행 시 피로감과 회피 행동이 나타날 수 있다. 과제 수행 속도가 느릴 뿐 아니라, 시간 압박이 있는 상황에서 수행 정확도도 동시에 저하되는 이중 부담을 겪는다.

성인기에는 직업 환경이나 사회적 관계에서 빠른 판단과 실행을 요구하는 상황에서 의사결정 속도가 늦어지며, 새로운 정보를 받아들이고 처리하는 데 지속적인 시간 지연을 보인다. 반복적 과제에서 처리속도가 다소 개선될 수는 있으나, 새로운 환경이나 변화된 조건에서는 초기 반응 시간이 느리고, 오류율도 높은 편이다.

이러한 경향을 고려할 때, 경계선 지능 학생의 처리속도를 향상시키기 위해서는 짧고 구조화된 과제 제시, 반복을 통한 자동화 유도, 시각적 자극 활용 그리고 즉각적인 피드백이 포함된 개별화 접근이 필요하다. 특히 초기에는 반응의 '속도'보다는 '정확도'에 중점을 두되, 점진적으로 과제 수행 시간을 단축시키는 방향으로 훈련을 설계하는 것이 효과적이다.

적용해 볼까요

구체적인 중재 및 지도 방법

1) 제한 시간 내 반응 훈련하기

경계선 지능 학생은 자극에 대한 반응 시간이 느리기 때문에, 제한된 시간 내에 간단한 과제를 수행하도록 유도하는 훈련이 효과적이다. 예를 들어, 10초 안에 그림 속

특정 사물을 찾거나, 일정 시간 안에 간단한 덧셈 · 뺄셈 문제를 해결하는 활동은 처리속도를 자극하는 데 도움이 된다. 초기에는 시간을 충분히 주되, 점차 제한 시간을 줄여 가며 연습을 반복해야 한다. 단, 속도만을 강조하지 않고 정확성도 함께 피드백하는 것이 중요하다.

2) 시각-운동 반응 과제 활용하기

빠른 자극 인식과 반응을 동시에 요구하는 활동은 처리속도 훈련의 핵심이다. 시각적 자극(색깔, 모양, 숫자 등)에 빠르게 반응하도록 하는 게임(예: '같은 그림 찾기' '색깔 순서 누르기')이나, 카드 뒤집기, 숫자 짝 맞추기 등 손을 사용하는 활동은 처리속도 향상에 효과적이다. 신체 활동이 결합된 반응 훈련은 특히 저학년 아동에게 흥미를 유발하며, 과제 몰입도를 높일 수 있다.

3) 반복과 패턴 기반의 자동화 훈련 제공하기

처리속도는 동일한 과제의 반복을 통해 자동화될 수 있으며, 반복적 과제가 익숙해질수록 반응 시간이 단축된다. 같은 유형의 간단한 문제를 반복하거나, 규칙이 있는 자극에 반복 반응하게 하는 훈련(예: "1-2-3-1-2-3……" 같은 패턴 따라 쓰기)은 과제 처리의 속도와 효율성을 함께 향상시킨다. 학습자가 과제 구조에 익숙해지도록 점진적으로 난이도를 높이는 것이 바람직하다.

4) 짧고 명료한 과제 제시하기

처리속도가 느린 학생은 긴 설명이나 복잡한 문장을 해석하는 데 부담을 느끼므로, 과제 지시를 짧고 명확하게 제시하는 것이 중요하다. 그림, 기호, 색상 등을 활용해 시각적으로 지시를 제공하면 과제 이해 시간이 단축되고 인지 부하도 줄어든다. 한 번에 한 과제씩, 단계별로 분리된 지시를 통해 수행 절차를 단순화해야 한다.

5) 즉각적인 피드백과 성취 강화를 통한 동기 유도하기

처리속도 향상은 지속적 반복과 자기조절력을 요구하는 영역이기 때문에, 학생이 쉽게 지루함을 느끼거나 포기할 수 있다. 따라서 과제를 수행한 직후 즉각적으로 긍정적 피드백을 제공하고, 개선된 반응 시간이나 정확도를 눈으로 확인할 수 있도록 시각화하는 것이 중요하다. 예를 들어, "이번엔 5초 안에 했네! 처음보다 훨씬 빨라졌어!" 같은 언어 피드백이나 점수 그래프 등을 활용하면 동기 유발에 도움이 된다.

교사와 학부모를 위한 팁

① 너무 느리다고 지적하지 말고 작은 향상도 칭찬해 주기
② 시각 자극에 빠르게 반응하는 게임이나 활동을 자주 해 보기
③ 과제를 한번에 많이 주기보다 짧고 간단하게 나누어 제시하기
④ 시간 안에 해 보는 활동을 반복하며 자연스럽게 속도 끌어올리기
⑤ 이전보다 빨라진 수행을 눈으로 확인할 수 있도록 시각적으로 피드백 주기

프로그램 소개

대표 프로그램 내용

과제 처리속도 및 주의집중력 향상 프로그램

1) 프로그램 개관

항목	내용
주요 활동 및 학습 방법	연산 활동과 신체 움직임 활동을 병행하여 진행하였다. 활동은 10 이하의 단순한 수의 연산을 중심으로 구성하였으며, 같은 문제를 여러 번 반복하여 자동화를 유도하기도 하였다.
프로그램 개요	이 연구는 연산 중심의 교육 프로그램이 지적장애인의 과제 처리속도와 주의집중력에 미치는 효과를 검증하고자 하였다. 프로그램은 인지적 자극과 운동 활동을 병행하는 방식으로 설계되었으며, 덧셈과 뺄셈 문제 해결을 중심으로 하되, 신체 움직임을 동반하는 활동을 포함하여 학습자의 참여도와 집중력을 높이는 것을 목표로 하였다.
프로그램 기간	5주, 주 3회, 회기당 약 30분씩 총 15회기
진행자	특수교육 전공 연구자
연구 결과 및 효과	덧셈 과제 반응시간이 평균적으로 4.16초 단축되었으며, 뺄셈 과제는 3.38초 단축되었다. 또한 정답 반응 수가 증가하였으며, 집중력이 향상되었고 산만한 행동이 감소하였다. 학습 중 흥미를 표현하고, 자발적으로 참여하는 태도도 증가하였고, 자신감을 표현하는 경우도 증가하였다.

2) 처리속도 향상 연산교육 프로그램 예시

<table>
<tr><th></th><th colspan="2">연산교육 프로그램</th><th>비고</th></tr>
<tr><td rowspan="3">도입 단계</td><td colspan="2">수 인식하기 / 연산(+, −)개념 인식하기</td><td rowspan="3">1~2주</td></tr>
<tr><td>숫자칸에 서기</td><td>사다리 모양의 칸에 번호를 매긴 후 해당 번호로 이동하기 등</td></tr>
<tr><td>공 번호 숫자 맞추기</td><td>박스 안의 공을 무작위로 뽑아 공에 새겨진 번호로 이동하기 등</td></tr>
</table>

<table>
<tr><td rowspan="6">전개 단계</td><td colspan="2">덧셈 연산교육 프로그램</td><td rowspan="3">3~6주</td></tr>
<tr><td>고리 던지기</td><td>모양의 수 세기, 고리관에 고리 던지기, 들어간 고리 세기 등</td></tr>
<tr><td>쌓기 놀이</td><td>한 사람의 상자 수 세기, 가위바위보 이긴 사람 10점 먼저 쌓기 등</td></tr>
<tr><td colspan="2">뺄셈 연산교육 프로그램</td><td rowspan="3">7~10주</td></tr>
<tr><td>공깃돌 놀이</td><td>양손의 공깃돌 수 맞히기, 100점 점수 내리기 등</td></tr>
<tr><td>자석 떼기 놀이</td><td>자석 떼기, 자석 바둑알을 100점 먼저 많이 내기(흰: 2점, 검: 1점) 등</td></tr>
<tr><td rowspan="3">확장 단계</td><td colspan="2">스피드 연산교육 프로그램</td><td rowspan="3">11~12주</td></tr>
<tr><td>숫자 사다리판</td><td>제시한 수만큼 사다리로 이동하기, 덧셈・뺄셈 계산해서 이동하기 등</td></tr>
<tr><td>스피드 게임</td><td>점수화된 색깔 분류 공으로 시간 내에 점수와 맞추기 등</td></tr>
</table>

참고문헌

유연호(2017). 연산운동 프로그램이 지적장애인의 과제처리속도와 주의집중력에 미치는 영향. 한국특수체육학회지, 25(2), 131–140.

Kail, R. (1991). Development of Processing Speed in Childhood and Adolescence. *Advances in Child Development and Behavior, 23*, 151–185. https://doi.org/10.1016/S0065-2407(08)60025-7.

Kail, R. (2000). Speed of Information Processing: Developmental Change and Links to Intelligence. *Journal of School Psychology, 38*(1), 51–61. https://doi.org/10.1016/S0022-4405(99)00036-9.

Kail, R., & Salthouse, T. A. (1994). Processing speed as a mental capacity. *Acta Psychologica, 86*(2), 199–225. https://doi.org/10.1016/0001-6918(94)90003-5.

Chapter 5

추론

초등학교 5학년인 ○○이는 책이나 수업 내용을 읽고 중요한 내용을 골라내는 데 어려움을 겪는다. 예를 들어, 독서 시간에 동화책을 읽고 나서 줄거리를 이야기해 보자고 하면, 이야기 순서를 헷갈리거나 등장인물이 왜 그런 행동을 했는지 잘 설명하지 못할 때가 많다.

또한 수학 시간에는 배운 내용을 새로운 문제에 적용하거나 비교하는 활동에서 힘들어하며, 배운 개념을 자기 말로 풀어 설명하는 데도 시간이 꽤 걸리는 편이다.

그래서 선생님은 ○○이가 핵심 내용을 잘 정리할 수 있도록 그림이나 도식을 활용해 보게 하고, 중요한 정보를 찾는 연습을 하나씩 도와주고 있다.

점검해 볼까요

경계선 지능 학생들은 추론 및 요약 능력에서 어려움을 보이는 경우가 많으며, 이는 학습한 내용을 이해하고 적용하는 데 영향을 미친다. 다음은 이러한 학생들의 추론 능력을 평가할 때 활용되는 내용들이다. 이들은 문제의 원인을 파악하거나, 들은 내용을 요약해 설명하는 데 어려움을 느끼며, 새로운 정보를 기존 지식과 연결하여 정리하는 능력도 낮은 편이다. 또한 규칙이나 원리를 이해하는 데 시간이 오래 걸려 수업 내용을 따라가는 데 어려움을 겪을 수 있다. 이로 인해 학습 내용을 단순히 기억하는 것을 넘어, 핵심을 파악하고 의미 있는 정보로 재구성하는 사고 과정에서 지속적인 지원이 필요하다.

✦ 추론 관련 점검해 볼 수 있는 내용

문제 상황의 원인과 결과를 파악하지 못해요.

예측 가능한 결과를 생각하지 못하고 행동해요.

문제를 해결하기 위한 절차나 방법을 알지 못해요.

일어난 일들의 순서를 정리하는 것을 어려워해요.

알아볼까요

1. 추론이란

1) 추론이란 무엇인가요

추론은 글이나 상황 속에서 겉으로 드러나지 않은 의미를 스스로 생각해 보는 과정이다. 단순히 보이는 정보만 받아들이는 것이 아니라, 앞뒤 문맥을 살펴보고 자신이 알고 있는 지식이나 경험을 떠올려 의미를 짐작하는 것이다.

예를 들어, '도로시가 모닥불에 물을 부었다. 불이 꺼졌다.'라는 문장이 있을 때, '물은 불을 끈다.'라는 상식을 알고 있어야 두 문장을 자연스럽게 연결해 이해할 수 있다.

추론에는 여러 가지 방식이 있다. 글에 나와 있는 사실을 바탕으로 내용을 파악하거나, 여러 문장을 연결하여 의미를 유추하고, 글 속에 생략된 내용을 상상하며 채워 넣는 경우도 있다.

이때 가장 중요한 것은 바로 '배경지식'이다. 세상을 살아가며 쌓은 경험이나 알고 있는 정보들이 바로 배경지식이며, 이것이 많을수록 글이나 상황을 더 깊이 이해하고 자연스럽게 추론할 수 있다.

아이들이 추론에 어려움을 느낀다면, 그것은 단순히 글을 잘 못 읽어서가 아니라 배경지식이 부족하거나 정보를 연결해 생각하는 방법을 잘 몰라서일 수 있다. 따라서 평소 다양한 경험을 쌓고, 이야기를 듣거나 생각을 나누는 기회를 자주 제공하는 것이 도움이 된다.

(1) 추론 능력이 학습에 미치는 영향

추론 능력은 단순한 독해력을 넘어서, 학습 전반에 걸쳐 중요한 역할을 한다. 교과서나 문제집에는 항상 모든 정보가 직접적으로 주어지지 않기 때문에, 학생들은 글 속의 단서와 배경지식을 바탕으로 의미를 스스로 파악해야 할 때가 많다. 이 과정에서 추론이 제대로 이루어지지 않으면, 문제의 의도를 정확히 이해하지 못하거나, 학습 개념을 상황에 맞게 적용하는 데 어려움을 겪게 된다.

특히 사회나 과학 교과처럼 개념 간의 연결을 요구하는 과목에서는 추론 능력이 더욱 중요하다. 예를 들어, 실험 결과를 보고 원인을 설명하거나, 역사적 사건의 배경을 이해할 때, 단순히 외운 지식만으로는 충분하지 않다. 학생은 글과 자료를 읽고, 그 안에 숨어 있는 의미를 스스로 찾아내야 한다.

2. 경계선 지능 학생의 추론

1) 경계선 지능 학생의 추론 특성

경계선 지능 아동은 초등학교 시기에 접어들면 학습 속도가 또래보다 느리고, 문제해결이나 상황 판단에서 미숙한 모습을 자주 보인다. 이러한 특징은 단순한 학습 속도 저하를 넘어, 정보를 받아들이고 해석하는 '추론' 과정에서 더욱 뚜렷하게 나타난다.

추론은 겉으로 보이는 사실을 단순히 이해하는 것을 넘어서, 문맥을 살피고 배경지식을 활용하여 숨겨진 의미를 찾아내는 사고 과정이다. 경계선 지능 아동은 이 과정을 수행하는 데 있어 어려움을 보이며, 특히 배경지식과 상황을 연결 짓는 것에 제한이 많다.

2) 일반 아동과의 추론 능력 차이

일반 아동과 경계선 지능 아동 간의 추론 능력을 비교한 연구 결과에 따르면, 경계선 지능 아동은 배경지식이 제시되지 않았을 때는 물론, 제시되었을 경우에도 추론 성과가 다른 아동에 비해 낮은 수준을 보인다. 이는 단지 지식의 양이나 이해 속도의 차이만이 아니라, 정보를 구조화하고 맥락에 맞게 사용하는 인지적 처리 과정에 본질적인 어려움이 있음을 시사한다.

- 생활 연령이 같은 일반 아동은 배경지식이 없어도 주어진 정보를 바탕으로 상황을 잘 이해하며 높은 점수를 유지한다.
- 언어 연령이 비슷한 일반 아동은 배경지식이 주어졌을 때 추론 성과가 향상되며, 상황 파악 능력이 좋아진다.

• 경계선 지능 아동은 배경지식이 없는 상황에서는 추론 점수가 매우 낮고, 배경지식이 주어져도 다른 아동들보다 여전히 낮은 성과를 보인다.

이러한 결과는 경계선 지능 아동에게는 단계적인 사고 훈련과 배경지식 활성화 전략이 반드시 병행되어야 함을 보여 준다.

3) 추론 과정에서 보이는 오류 유형

경계선 지능 아동이 추론을 시도할 때 자주 보이는 오류 유형은 다음과 같다.

(1) 무응답 / 모른다

• 질문의 의미를 이해하지 못하거나, 추론을 시도하기보다 아예 응답을 피하는 경우이다.

예 "효정이는 왜 청소기를 가져왔을까요?" → "모르겠어요."

(2) 이해 실패

• 질문에 대한 기본적인 이해가 부족하여, 엉뚱하거나 관련 없는 반응을 보이는 경우이다.

예 "엄마는 왜 세탁기로 갔을까요?" → "우리 집에 세탁기 있어요."

(3) 틀린 추론

• 주어진 맥락과 관련 없는 정보를 바탕으로 추론하여, 전혀 다른 방향의 답을 내놓는 경우이다.

예 "할머니는 왜 돋보기를 꺼냈을까요?" → "할머니는 나이가 많아서 흰머리가 나는 거래요."

(4) 미숙한 추론

• 배경지식을 어느 정도 떠올리긴 했으나, 이를 논리적으로 연결하지 못하고 불완전한 답변을 하는 경우이다. 핵심 맥락은 이해했으나 설명이 구체적이지 않다.

예 "학교에서 만들기를 해야 해서 문구점에 갔어요."

(5) 표현 언어 부족

- 생각은 했으나 이를 정확한 말로 표현하지 못하는 경우로, 어휘나 문장 구성이 미숙하여 의사 전달이 어렵다.

  예 "엄마가 체온계를 가지고 왔다." → "그거 어…… 그걸로 이렇게 이렇게 하려고요."

적용해 볼까요

구체적인 중재 및 지도 방법

경계선 지능의 추론 능력 증진에 도움이 될 수 있는 구체적인 교육 지원을 소개하고자 한다.

1) 명확한 배경지식 제공

추론 능력을 키우기 위해서는 아동이 문제 상황을 이해할 수 있도록 관련된 배경지식을 명확하고 간결하게 제공하는 것이 중요하다. 예를 들어, "소화기는 불을 끄는 데 사용돼요."와 같이 상황과 직접적으로 연관된 정보를 구체적으로 설명하는 것이 필요하다.

이때 제공되는 정보는 아동의 언어 수준에 맞추어 쉽게 이해할 수 있는 단어나 문장으로 구성되어야 하며, 시각적 자료나 실물도 함께 활용하면 더욱 효과적이다. 배경지식은 추론의 기초를 형성하므로, 아동이 새로운 정보를 자연스럽게 연결하고 상황을 해석할 수 있도록 도와야 한다.

2) 추론 활동 연습

추론 능력은 반복적인 연습을 통해 강화될 수 있다. 초기에는 단순하고 명확한 상황에서 시작하여 점차 복잡하고 다양한 요소가 포함된 활동으로 확장해야 한다. 예를 들어, "물이 담긴 컵이 쏟아졌습니다. 무슨 일이 일어날까요?" 같은 간단한 질문에서 출발하여 점차 더 많은 배경지식과 맥락을 필요로 하는 문제로 발전시킨다.

또한 연습 과정에서 아동이 성공적인 경험을 할 수 있도록 문제 난이도를 조절하는 것이 중요하다. 너무 어려운 활동은 아동의 흥미를 잃게 만들고, 반대로 너무 쉬운 활동은 추론 능력의 발전을 제한할 수 있다. 단계적으로 구성된 연습은 아동이 배경지식을 활용하는 기술을 점진적으로 향상시키는 데 효과적이다.

3) 오류 수정과 피드백

아동이 추론 활동 중 잘못된 답변을 하거나 추론에 실패했을 때, 이를 적절히 교정하고 피드백을 제공하는 것이 중요하다. 이 과정에서 아동이 왜 잘못된 답을 했는지 이해하도록 돕고, 올바른 추론 과정을 함께 연습해야 한다.

예를 들어, "왜 할머니가 돋보기를 꺼냈을까요?"라는 질문에 "할머니가 나이가 많아서 흰머리가 났어요."와 같은 엉뚱한 답을 했다면, 질문의 핵심을 다시 강조하며 "돋보기는 작은 글씨를 크게 보이게 하는 도구예요. 글씨를 읽기 위해 돋보기를 꺼냈을 거예요."와 같이 바른 답변을 유도한다. 친절하고 긍정적인 태도로 피드백을 제공하면 아동이 더 적극적으로 학습에 참여하게 된다.

4) 사회적 대화 기회 제공

추론 능력은 언어와 상호작용을 통해 더욱 발전한다. 아동이 실생활에서 적용할 수 있는 상황을 만들어 대화를 나누는 것은 매우 효과적이다. 예를 들어, "우리 오늘 시장에 가면 무엇을 사야 할까?" "왜 우산을 가지고 가야 할까?"와 같은 질문을 통해 자연스럽게 추론하는 연습을 할 수 있다.

이 과정에서 아동이 자신의 생각을 표현하도록 격려하며, 다른 사람과의 상호작용을 통해 다양한 관점을 배울 수 있는 기회를 제공해야 한다. 또한 역할 놀이나 스토리텔링과 같은 활동을 활용하면 추론 능력을 재미있고 효과적으로 키울 수 있다.

5) 긍정적 피드백 제공

작은 성공이라도 이를 인식하고 칭찬하는 것이 중요하다. "잘했어." "좋은 생각이야."와 같은 간단한 말 한마디가 아동에게 큰 자신감을 줄 수 있다. 자신감을 갖는 것은 학습 과정에서 매우 중요한 요소이며, 아동이 어려움에도 불구하고 도전하도록 동기를 부여한다.

피드백은 구체적일수록 효과적이다. 예를 들어, "네가 돋보기를 사용하는 이유를 잘 이해했어. 글씨를 크게 보기 위해 돋보기를 쓴다는 점을 정확히 맞췄어!"와 같이 구체적으로 칭찬하면 아동이 무엇을 잘했는지 명확히 알 수 있다.

교사와 학부모를 위한 팁

① 아동이 상황을 이해할 수 있도록 배경지식을 짧고 쉽게 설명하기
② 처음에는 단순한 상황을 제시해 보고, 점차 복잡한 문제로 확장하기
③ 잘못된 추론을 했을 때는 이유를 차분히 설명하고, 올바른 추론 방식 모델링하기
④ 실생활 상황에서 아이와 자주 대화하며 추론을 자연스럽게 유도하기
⑤ 아이가 한 추론이 적절했다면 구체적으로 칭찬해 주기

프로그램 소개

대표 프로그램 내용

배경지식을 활성화한 추론 중심 듣기 활동

1) 프로그램 개관

항목	내용
프로그램 개요	• 이 프로그램은 배경지식을 활성화해서 이야기를 듣고 내용을 추론하는 능력을 기르기 위한 듣기 중심 활동이다. 이야기를 듣기 전에 관련된 배경지식을 떠올리게 하고, 이야기 중과 후에는 생각 나누기, 확인하기, 정리하기 과정을 통해 내용을 추론하도록 돕는다. • 듣기 활동을 통해 추론을 자연스럽게 연습하고, 이야기 속 숨겨진 의미나 원인, 결과를 파악하는 힘을 키우게 된다.
프로그램 구성 및 절차	• 총 10회기, 주 2회씩 약 5주간 실시 • 매 회기마다 1편의 이야기+추론 활동 중심으로 구성 • 각 이야기는 2회에 걸쳐 반복하여 다루며, 듣기 전, 듣기 중, 듣기 후 활동으로 구성됨 • 활동은 다음의 3가지 중심 전략을 사용함. 1) 빈칸 채우기: 듣기 전 배경지식 활성화 2) 토의하기: 이야기 후 추론 나누기 3) 목록 작성하기: 추론한 정보 정리 및 평가
연구 결과 및 효과	1) 텍스트 연결 추론 능력 향상 이야기 속에서 원인과 결과, 인과 관계 등을 추론해 내는 능력이 뚜렷하게 좋아졌다. 2) 빠진 정보 추론 능력도 소폭 향상 명시되지 않은 정보에 대한 유추는 어려워했지만, 반복을 통해 조금씩 개선되었다. 3) 효과의 유지 추론 활동 후 2주가 지나 다시 검사를 해 보았을 때, 이야기 간 연결 추론 능력은 대부분 유지되었다.

	4) 듣기 집중력 및 자기표현력 향상 메모하기, 이야기 나누기 활동을 통해 주의집중과 의사소통 능력에도 긍정적인 변화가 있었다.

2) 주요 활동 내용

활동	내용
추론적 듣기 활동	추론적 듣기 수업 활동은 학생이 이야기를 듣는 과정에서 배경지식을 불러오고, 타인과 생각을 나누며, 정보를 통합하고 정리하는 과정을 자연스럽게 경험하도록 돕는 활동이다. 이 활동은 듣기의 결과보다는 듣는 과정 자체에 집중하며, 학생들이 스스로 내용을 추론하고 말할 수 있는 힘을 기르는 데 목적이 있다. 특히 이 활동은 학생들의 언어 수준과 흥미를 고려하여 활동의 난이도를 조절하고, 실제 이야기 자료를 활용해 학생이 실생활과 연결된 사고와 표현을 경험할 수 있도록 설계된다.
토의하기	'토의하기'는 둘 이상의 학생이 이야기 속 상황이나 등장인물의 행동에 대해 서로 의견을 주고받는 활동이다. 이 활동을 통해 학생은 친구들의 생각을 들으며 자신의 사고를 확장하게 되고, 자신의 의견을 말로 표현하는 연습도 하게 된다. 토의는 정답을 찾는 활동이 아니라, 다양한 의견을 공유하고 다른 사람의 시각을 이해하는 과정이다. 교사는 학생 간의 의견 교환이 잘 이루어질 수 있도록 유도하고, 필요할 경우 핵심 내용을 정리해 주는 역할을 한다. 특히 이 활동은 말로 자신의 생각을 표현하는 데 어려움이 있는 학생에게 의사소통 능력을 기를 수 있는 기회를 제공한다는 점에서 매우 유익하다.
	예를 들어, "토끼는 왜 낮잠을 잤을까?" "주인공은 왜 그런 결정을 했을까?"와 같은 질문을 중심으로 이야기를 나누다 보면, 각자의 관점에서 원인과 결과를 추론하는 능력이 자연스럽게 길러진다.
목록 작성하기	'목록 작성하기'는 이야기 내용을 듣고 나서 중요한 정보를 항목별로 정리하는 활동이다. 예를 들어, 등장인물의 행동과 그 결과, 사건의 순서, 문제 상황과 해결 방법 등을 표 형태로 정리하도록 유도한다. 이 과정은 학생이 들은 내용을 머릿속에서 구조화하고, 이야기 속 정보를 논리적으로 연결하는 데 도움을 준다.

	목록을 작성함으로써 학생은 정보를 정리할 뿐 아니라, 추론의 정확성을 점검하고 이해도를 높일 수 있다. 또 시각적으로 정리된 목록은 학생이 자신이 놓친 정보를 확인하거나 친구들과 비교하며 다시 생각해 보는 기회를 제공한다.
	활동 예시로는, "등장인물과 그 인물이 한 행동을 연결해서 정리해 보자." "이야기에서 일어난 일들을 순서대로 써 보자." 등이 있다.
빈칸 채우기	'빈칸 채우기'는 이야기를 듣기 전에 활용하는 활동으로, 이야기 내용 중 일부를 비워 놓고 학생이 미리 예상하거나 추측하게 하는 방식이다. 이 활동은 학생의 호기심과 기대감을 높이고, 이후 듣기 활동에 더 집중하도록 만든다. 또한 교사와의 대화를 통해 예상 내용을 나누면서, 자신이 알고 있는 지식을 어떻게 사용하는지를 자연스럽게 체험할 수 있다. 이러한 과정을 통해 학생은 듣기에 대한 자신감을 키우고, 듣기 내용에 더욱 몰입하게 된다.
	예를 들어, "(　　)는 겨울을 준비하지 않았어요."라는 문장을 제시하면, 학생은 '베짱이'라는 단어를 떠올리게 된다. 이처럼 학생은 듣기 전부터 이야기의 주제나 인물에 대해 생각해 보며 배경지식을 적극적으로 활용하게 된다.

3) 추론적 듣기 활동의 모형 체제

설계원리	교수-학습 내용		수업 절차
듣기 전	• 배경지식의 활성화 • 듣기 목적을 확인시킴–필요한 정보의 선별능력을 키움 • 추론적 듣기 과제 목표 제시 • 추론적 듣기 과제에 대한 학습 방법 시범 보이기 및 설명		**1단계** 교사의 추론적 듣기 과제 학습 방법 시범 및 설명
듣기	생각하며 듣기	**[추론적 듣기 정보 수용]** • 처음 듣기 • 개별 학습자에게 수용한 정보를 처리하는 과제 활동 안내 • 배경지식과 수용 정보 사이의 상호 교섭 작용이 일어남	**2단계** 개별 학습자의 과제 활동 안내와 학생의 연습

	생각 나누며 듣기	[추론적 듣기 정보 공유] • 상호교섭적 작용–개인, 소집단 • 개인별로 수용하지 못했던 정보 재수용 • 개인 간 정보 수용의 차이 극복	3단계 상호교섭적 학생의 연습
	확인하며 듣기	[추론적 듣기 정보 재확인] • 반복하여 듣기 • 정보의 재확인 • 정보 처리상의 오류 수정	4단계 개별 또는 소집단별 학생 스스로의 연습과 적용
듣기 후	• 학습 결과에 대한 점검 및 평가 • 내면적 수용		

참고문헌

김선경, 황민아, 최경순(2021). 학령기 경계선 지능 언어발달지연 아동의 배경지식 유무에 따른 추론 능력. 특수교육논총, 37(1), 185-200.

정성희(2007). 배경지식을 활성화한 추론 중심 듣기활동이 학령기 경도 정신지체아동의 추론 이해력에 미치는 영향. 단국대학교 대학원 석사학위논문.

Bonifacci, P., & Snowling, M. J. (2008). Reading and writing skills in children with borderline intellectual functioning: A cross-lagged longitudinal study. *Journal of Learning Disabilities, 41*(6), 491-504.

Bowyer-Crane, C., & Snowling, M. J. (2005). Assessing children's inference generation: What do tests of reading comprehension measure? *British Journal of Educational Psychology, 75*(2), 189-201.

Kispal, A. (2008). *Effective teaching of inference skills for reading: Literature review.* National Foundation for Educational Research.

Singer, M., Harkness, D., & Stewart, M. (1997). Constructing knowledge from the text: Integrating multiple representations in comprehension. *Psychological Science, 8*(2), 114-119.

Chapter 6

어휘

초등학교 6학년 ○○이는 글을 읽고 이해하는 것을 어려워하며, 수업 시간에 발표를 하거나 글을 쓸 때 힘들어한다. 담임선생님께서는 ○○이가 수업 중 질문을 받을 때 대답을 머뭇거리거나, 글을 읽을 때 문장의 뜻을 이해하지 못해 반복해서 읽는 모습을 보인다는 말을 들었다. 또한 친구들과 대화를 할 때도 적절한 단어를 찾지 못해 말을 더듬거나, 표현이 서툴러 자신의 생각을 명확하게 전달하지 못하는 경우가 많다고 한다. ○○이는 이야기해 보니 친구들이 사용하는 단어가 무슨 뜻인지 알기 어려울 때가 많고, 특히 학교 수업에서 나오는 새로운 개념어를 이해하는 것이 힘들다고 했다. 또한 글을 쓸 때 짧은 문장만 사용하고, 단어를 반복해서 사용하며 표현이 단조로운 경향을 보였다. ○○이의 부모님은 ○○이가 어휘력 부족으로 인해 학습과 친구 관계에서 어려움을 겪고 있다고 생각하며, 이를 어떻게 도와야 할지 고민하고 있다.

점검해 볼까요

경계선 지능 학생들은 또래에 비해 새로운 단어를 배우는 속도가 느리고, 단어의 뜻을 정확히 이해하거나 상황에 맞게 사용하는 데 어려움을 겪는 경우가 많다. 일상에서 자주 쓰는 쉬운 말은 사용할 수 있지만, 의미가 복잡하거나 상황에 따라 뜻이 달라지는 단어는 잘 이해하지 못하는 모습을 보이기도 한다. 특히 자신의 감정이나 생각을 표현할 때 적절한 말을 찾지 못해 머뭇거리거나, 대화를 이어 가기 어려워하는 경우도 있다. 다음은 어휘 사용에 어려움을 보이는 아이들에게서 자주 나타나는 모습들이다.

✦ 어휘 관련 점검해 볼 수 있는 내용

말할 때 자주 "그거" "이거" 같은 단어로 대신해요.

친구들이 쓰는 말을 이해하지 못하고 어색해해요.

글을 읽고 단어 뜻을 잘못 이해해서 내용을 다르게 받아들여요.

감정이나 생각을 표현할 때 어떤 말을 써야 할지 몰라 멈춰요.

알아볼까요

1. 어휘력이란

1) 어휘력이란 무엇인가요

어휘력은 개인이 알고 이해하며 사용할 수 있는 단어의 범위를 의미하며, 이는 단순히 많은 단어를 알고 있는 것이 아니라, 상황과 맥락에 맞게 적절한 단어를 선택하고 활용하는 능력을 포함한다. 어휘력을 듣기, 말하기, 읽기, 쓰기와 같은 언어 활동에서 필수적인 요소로 정의되며, 의미를 이해하고 사용할 수 있는 능력의 발달이 학습과 사고에 중요한 영향을 미친다. 또한 어휘력은 단순한 단어 암기가 아니라 의미 관계를 이해하고 활용할 수 있는 능력이 포함되며, 다양한 사회적 · 학문적 맥락에서 효과적인 의사 표현과 사고력을 형성하는 기반이 된다.

2) 어휘력은 왜 중요할까요

어휘력은 학업 성취와 사회적 상호작용에서 중요한 역할을 하며, 다양한 학문적 연구에서도 그 중요성이 강조된다. 스턴버그(Sternberg)는 어휘력이 학업 성취도의 핵심 요소이며, 새로운 정보를 습득하고 이해하는 데 중요한 역할을 한다고 밝혔다. 어휘력은 정보 습득의 기본 요소로 작용하며, 독해력과 직결되어 교과 학습에서 개념을 이해하는 데 필수적이다. 또한 다양한 어휘를 습득하면 논리적 사고가 확장되고 복잡한 개념을 이해하고 설명할 수 있는 능력이 향상되며, 읽기와 쓰기 능력의 기반이 되어 문장 구성과 글쓰기 능력에도 직접적인 영향을 미친다. 사회적 상호작용 측면에서도 어휘력이 풍부할수록 자신의 감정과 생각을 더 정확하게 표현할 수 있어 원활한 대화가 가능하며, 이는 사회적 관계 형성과 유지에도 중요한 역할을 한다.

3) 어휘력은 어떤 발달 단계를 거치나요

어휘력은 연령과 경험에 따라 점진적으로 발달하며, 특정 연령대별로 뚜렷한 특징이 나타난다. 피아제(Piaget)는 언어 발달이 인지 발달과 밀접한 관계가 있으며, 연령에 따라 어휘력의 질적 · 양적 변화가 나타난다고 설명하였다. 영유아기(0~2세)에는 단순한 단어를 습득하고 반복적인 소리를 내며 언어를 탐색하는 시기로, 단어의 수가 제한적이지만 빠르게 증가하는 특징을 보인다. 유아기(2~4세)에는 기본적인 문장을 형성하고 주변 환경을 통해 새로운 단어를 배우며 단어 수가 급격히 증가하며, 초등기(5~12세)에는 다양한 문맥에서 어휘를 학습하고 문법적으로 정교한 표현이 가능해진다. 청소년기(13~18세)에는 학습을 통해 전문적인 어휘와 개념어가 확장되며, 비유적 표현과 추상적 개념을 이해하는 능력이 발달하고, 성인기 이후에는 경험과 학습을 통해 전문적인 어휘력이 확장되며 다양한 상황에서 언어를 유연하게 활용할 수 있게 된다.

2. 경계선 지능 학생의 어휘력

1) 경계선 지능 학생의 발달 단계에 따른 어휘 사용 특징은 무엇인가요

경계선 지능 학생들은 일반적인 어휘 발달 과정을 따르지만, 특정 단계에서 어려움을 지속적으로 경험한다. 언어 발달은 인지 능력과 직결되며, 제한된 인지 능력을 가진 아동은 어휘 확장 속도가 느린 것이 특징이다.

영유아기에는 단어 습득 속도가 느리며, 같은 단어를 반복적으로 사용하는 경향이 있고, 단어 수가 제한적이며 의미를 확장하는 능력이 낮다. 초등 저학년에는 어휘력이 제한적이어서 듣기와 읽기 이해력이 낮고, 새로운 단어나 개념을 학습하는 데 어려움을 겪으며, 단순하고 짧은 문장을 선호한다.

초등 고학년 시기에는 비유적 표현, 다의어, 관용 표현을 이해하는 데 어려움을 보이며, 글을 읽거나 내용을 요약하는 것이 어렵고, 글을 쓸 때 단어의 선택이 제한적이며 문장 구성이 단순하다.

청소년기에는 교과서에 나오는 학습 어휘를 습득하는 데 시간이 오래 걸리며, 읽기와 쓰기 과제에서 단어를 정확하게 사용하는 것이 어렵고, 감정을 표현하는 어휘가 부족하여 의사 표현이 제한적이다.

성인기에는 직업 환경에서 적절한 어휘를 사용하는 데 어려움을 겪으며, 공식적인 글쓰기나 복잡한 내용을 이해하는 데 시간이 필요하고, 감정 표현 어휘가 제한적이어서 구체적인 감정을 전달하는 데 어려움을 느낄 수 있다. 경계선 지능 학생들의 어휘력 향상을 위해서는 반복적인 노출, 시각 자료 활용, 문맥을 중심으로 한 어휘 학습이 효과적이며, 개인별 맞춤형 접근이 필요하다.

적용해 볼까요

구체적인 중재 및 지도 방법

1) 그래픽 조직자 활용하기

그래픽 조직자는 단어 간의 의미 관계를 시각적으로 구조화해 보여 주는 도구로, 어휘 개념을 정리하고 확장하는 데 효과적이다. 예를 들어, 유의어, 반의어, 하위 개념, 예시 문장 등을 하나의 도식 안에 구성함으로써, 학생이 단어의 의미망을 시각적으로 파악하고 기억에 오래 남길 수 있다. 특히 색상이나 도형을 활용해 시각적 단서를 함께 제시하면 어휘 간의 차이점과 유사점을 더욱 쉽게 이해할 수 있다.

2) 핵심 어휘 및 개념 반복 노출하기

경계선 지능 학생들은 반복적 학습을 통해 어휘를 정착시킬 수 있다. 필수 어휘는 다양한 문장과 맥락 속에서 자연스럽게 노출되도록 하고, 실물, 그림, 동작을 활용한 다감각적 접근을 통해 이해를 도와야 한다. 예를 들어, '먹다'라는 동사는 "강아지가 밥을 먹어요." "나는 사과를 먹어요."와 같은 예문을 활용해 반복적으로 접할 수 있다.

3) 의미 네트워크 확장하기

어휘력은 단어를 개별적으로 아는 것을 넘어 단어들 간의 관계를 이해하는 능력까지 포함된다. 유의어, 반의어, 다의어 등 다양한 어휘를 서로 연결하여 의미망을 확장하는 활동이 효과적이다. 이를 위해 어휘 묶음 만들기, 개념도 작성, 단어 분류 게임 등을 활용할 수 있다. 시각 자료와 함께 지도하면 어휘 체계에 대한 이해도를 더욱 높일 수 있다.

4) 문맥 속 어휘 학습 강조하기

어휘는 정의만으로 익히기보다는 이야기, 글, 대화 등의 문맥 안에서 경험할 때 효과적으로 학습된다. 이야기책 읽기, 상황극, 짧은 글쓰기 등을 통해 자연스러운 언어 환경을 제공하고, 문맥 안에서 단어를 유추하고 사용하는 경험을 반복적으로 제공하는 것이 바람직하다.

5) 개별 맞춤형 어휘 학습 설계하기

경계선 지능 학생의 어휘 수준과 흥미에 따라 학습 내용을 조정하는 것이 중요하다. 흥미 있는 주제를 중심으로 단어를 선정하고, 학생의 언어 수준에 적합한 과제를 제공하며, 이해 정도를 수시로 점검하여 추가 피드백을 제공해야 한다. 역할 놀이, 그림 단어 카드, 짝 활동 등 학생이 능동적으로 참여할 수 있는 활동도 함께 설계해야 한다.

교사와 학부모를 위한 팁

① 어휘 간의 관계를 시각적으로 보여 주는 그래픽 조직자 자주 활용하기
② 핵심 어휘를 다양한 문장에서 반복 노출하여 자연스럽게 익히도록 하기
③ 유의어 · 반의어를 비교하며 의미망을 확장할 수 있도록 도와주기
④ 책 읽기나 상황극을 통해 문맥 속에서 어휘를 유추하고 사용하게 하기
⑤ 학생의 수준과 관심사를 반영한 맞춤형 어휘 자료를 계획적으로 제공하기

프로그램 소개

대표 프로그램 내용

책 읽기를 활용한 어휘 학습 프로그램

1) 프로그램 개관

항목	내용
주요 활동 및 학습 방법	매 회기마다 특정 주제의 그림책을 활용하여 어휘 학습을 진행한다. 스토리 속에서 어휘를 유추하고, 이를 활용한 말하기 및 쓰기 활동을 병행한다. 그림 단서를 이용하여 어휘 개념을 확장하고, 이야기 재구성을 통해 활용도를 높인다.
프로그램 개요	• 반복적 책 읽기: 동일한 이야기를 여러 번 읽으며, 핵심 어휘를 강조하여 익힌다. • 시각적 지원: 그림 및 제스처 활용을 통해 어휘의 의미를 명확하게 전달한다. • 자기표현 연습: 배운 어휘를 활용하여 자신의 경험을 공유하는 활동을 포함한다.
프로그램 기간	8주 과정으로 주 2회 진행함. 회기당 60분
프로그램 대상자	초등학교 3~6학년 지적장애 학생 100명
진행자	특수교사 및 보조교사
연구 결과 및 효과	참여 학생들은 새로운 어휘 습득률이 유의미하게 향상되었으며, 읽기 이해 능력 또한 증가하였다. 자기표현 능력이 향상되었으며, 글쓰기 능력에도 긍정적인 영향을 미쳤다.

2) 책 읽기를 활용한 어휘 교수-학습 과정안 예시

<table>
<tr><th colspan="2">읽기 주제</th><td>『욕심쟁이 딸기 아저씨』</td></tr>
<tr><th colspan="2">학습 목표</th><td>목표 어휘 뜻을 알고 책 내용을 말할 수 있다.</td></tr>
<tr><th>단계
(시간)</th><th>학습 활동</th><th>교수-학습 활동
* 지도상의 유의점</th></tr>
<tr><td rowspan="2">도입
(5분)</td><td>동기 유발</td><td>• 책 제목과 표지를 보고 내용 예측하기
- 책 제목은 무엇인가요?
- 책 표지에는 어떤 그림이 있죠?
- 제목과 그림을 보니 어떤 내용일까요?
* 학생이 자유롭게 대답할 수 있도록 허용적인 분위기를 만들어 준다.</td></tr>
<tr><td>학습 목표
제시</td><td>• 학습 목표 제시하기
- 학습 목표를 선생님과 함께 읽어 볼까요?
[목표 어휘 뜻을 알고 책 내용을 말할 수 있다.]</td></tr>
<tr><td rowspan="2">전개
(30분)</td><td>활동1</td><td>• 목표 어휘 제시하기
-『욕심쟁이 딸기 아저씨』 책 내용에는 목표 어휘가 있어요.
- 목표 어휘를 읽어 볼까요?
[가게, 모으다, 쌓다, 욕심, 나누다]
• 책을 소리 내어 읽기
-『욕심쟁이 딸기 아저씨』 책을 소리 내어 읽어 볼까요?</td></tr>
<tr><td>활동2</td><td>• 목표 어휘 정의 알기
- 목표 어휘가 어떤 뜻인지 알아볼까요? 다 같이 뜻을 읽어 보아요.
- 책에서 목표 어휘가 어디에 나와 있는지 직접 동그라미 표시하면서 다시 책을 읽어 볼까요?
- 목표 어휘 정의를 어휘노트에 적어 볼까요?
- 목표 어휘를 사용하여 책 내용을 말해 볼까요?
* 학생이 자유롭게 대답할 수 있도록 허용적인 분위기를 만들어 준다.
* 학생의 대답에 긍정적 피드백을 제시한다.</td></tr>
<tr><td>정리
(5분)</td><td>복습하기</td><td>• 차시 예고
- 잠깐 쉬었다가 다음 시간에는 목표 어휘를 이용하여 짧은 문장을 써 보도록 하겠습니다.</td></tr>
</table>

읽기 주제		『욕심쟁이 딸기 아저씨』
학습 목표		목표 어휘 뜻을 알고 책 내용을 말할 수 있다.
단계 (시간)	학습 활동	교수-학습 활동 * 지도상의 유의점
도입 (5분)	동기 유발	• 전시 학습 상기하기 – 지난 시간에 읽었던 책 내용에 대해서 말하여 볼까요? – 지난 시간에 목표 어휘가 무엇이었는지 어휘노트를 확인하여 봅시다. * 학생이 자유롭게 대답할 수 있도록 허용적인 분위기를 만들어 준다.
	학습 목표 제시	• 학습 목표 제시하기 – 학습 목표를 선생님과 함께 읽어 볼까요? 목표 어휘 뜻을 알고, 어휘를 이용하여 짧은 문장을 쓸 수 있다.
전개 (30분)	활동1	• 책을 소리 내어 읽기 –『욕심쟁이 딸기 아저씨』 책을 다시 한번 읽어 볼까요?
	활동2	• 목표 어휘 이해하고 짧은 문장 쓰기 – 목표 어휘 정의를 다시 한번 같이 읽어 보아요. – 책을 다시 읽으면서 목표 어휘를 이해해 볼까요? – 어휘노트에 어휘와 그 뜻을 선으로 이어 볼까요? – 우리가 배웠던 목표 어휘를 이용하여 짧은 문장을 써 볼까요? * 학생들의 오류가 있다면, 교사가 피드백을 제공한다. * 짧은 문장을 쓰기 어려운 학생은 교사와 친구들과 이야기를 하며 쓰도록 한다. * 학생이 작성한 짧은 문장에 대해 교사는 긍정적 피드백을 제공한다.
정리 (5분)	복습하기	• 복습하기 – 어휘노트를 확인하며 오늘 배운 목표 어휘를 다시 한번 확인해 볼까요? * 학생들이 작성한 본인의 어휘노트를 확인하도록 한다. * 목표 어휘에 대해 반복적으로 접할 수 있도록 교사가 피드백을 제공한다.
	자기평가	• 자기평가하기 – 오늘 목표 어휘에 대해 얼마나 이해하였는지 스티커를 붙여 볼까요? * 학생이 직접 3가지 표정 스티커를 선택하여 붙이도록 한다.

참고문헌

안솔, 김우리(2024). 책읽기를 활용한 어휘교수가 지적장애 학생의 어휘, 읽기 이해 및 작문 능력에 미치는 효과. 특수교육, 23(2), 5-31.

Bloom, L., & Lahey, M. (1978). *Language development and language disorders*. Wiley.

Naiden, L. (1988). *Vocabulary acquisition and linguistic development*. Cambridge University Press.

Piaget, J. (1952). *The origins of intelligence in children* (M. Cook, Trans.). Norton.

Sternberg, R. J. (1987). *Beyond IQ: A triarchic theory of human intelligence*. Cambridge University Press.

Chapter 7

읽기 이해

초등학교 5학년 ○○의 부모님은 요즘 걱정이 많다. ○○가 글을 읽을 때 내용을 이해하는 데 어려움을 겪고 있기 때문이다. 학교에서 숙제로 나오는 독해 문제를 풀 때 시간이 오래 걸리고, 문제의 뜻을 제대로 이해하지 못해 자주 틀린다. 담임선생님과 상담했을 때, ○○가 글자를 읽는 것은 큰 문제가 없지만 읽은 내용을 기억하거나 핵심 내용을 파악하는 데 어려움을 보인다는 말을 들었다.

수업 시간에 교과서를 읽을 때도 내용을 한번에 이해하지 못해 여러 번 반복해서 읽거나, 친구들에게 물어보는 일이 많다. 또한 문제의 질문을 제대로 이해하지 못해 엉뚱한 답을 적는 경우도 많다고 한다. ○○와 이야기해 보니, 긴 글을 읽으면 머리가 아프고, 글 속에서 어떤 내용이 중요한지 알기가 어렵다고 했다.

부모님은 ○○가 점점 읽기에 대한 자신감을 잃고, 글을 읽는 것을 피하려는 모습을 보이며 걱정하고 있다. 어떻게 하면 ○○가 글을 읽고 이해하는 능력을 키울 수 있을지 고민하고 있다.

점검해 볼까요

경계선 지능 학생들은 글의 내용을 정확히 이해하거나, 읽은 정보를 정리하여 표현하는 데 어려움을 겪는 특성이 있다. 경계선 지능 학생은 읽기 이해에서 어휘의 의미 파악, 중심 내용 파악, 추론적 이해 등에 어려움을 보이며, 글의 내용을 정확히 해석하거나 이를 바탕으로 자신의 생각을 정리하여 표현하는 데 한계를 가질 수 있음을 확인할 수 있다.

✦ 읽기 이해 관련 점검해 볼 수 있는 내용

전자제품 사용설명서와 같은 중요한 내용을 파악하기 어려워요.

교과서의 지문을 읽을 수는 있으나, 읽은 내용을 이해하지는 못해요.

교과서에 나오는 단어 중 모르는 것이 많아요.

은행에서 사용하는 단어를 이해하기 어려워요. (예: 예 · 적금, 입 · 출금, 계좌이체)

알아볼까요

1. 읽기 이해란

1) 읽기 이해란 무엇인가요

읽기는 단순히 글자를 정확하고 유창하게 읽는 것이 아니라, 글의 의미를 파악하고 이해하는 과정이다. 글을 읽을 때 우리는 단어와 문장을 해석하는 것뿐만 아니라, 글이 전달하는 내용을 머릿속에서 정리하고, 자신의 배경지식과 연결하여 의미를 깊이 있게 이해하는 능력이 필요하다.

읽기 이해는 '읽기의 핵심'으로 여겨지며 여러 요인에 의해서 영향을 받는다. 예를 들어, 독자는 글의 흐름을 파악하고, 중요한 내용을 요약하며, 문장과 문장 사이의 관계를 분석해야 하며, 새로운 정보를 기존 지식과 연결하고, 글쓴이의 의도를 이해하며, 논리적으로 사고하는 능력도 필요하다.

읽기 이해는 여러 요인에 의해 영향을 받는다. 글을 읽는 사람의 어휘력, 문장 해석 능력, 배경지식, 읽기 전략이 모두 중요한 역할을 하며, 글의 유형이나 문장의 구조, 사용된 단어의 난이도도 이해도를 결정하는 요소가 된다.

결국, 읽기 이해는 글의 내용을 단순히 따라가는 것이 아니라, 글의 핵심을 파악하고, 논리적으로 정리하며, 자신의 생각과 연결하는 과정이다. 따라서 글을 읽을 때는 단어만 해독하는 것이 아니라, 전체적인 의미를 파악하는 능력을 기르는 것이 중요하다.

2) 읽기 이해는 왜 중요할까요

읽기 이해는 글을 단순히 읽는 것이 아니라, 내용을 정확히 파악하고 자신의 생각과 연결하는 과정이다. 이 능력이 부족하면 교과서를 읽어도 중요한 내용을 놓치거나 문제의 뜻을 잘못 이해할 수 있어 공부가 어려워진다.

예를 들어, 국어 시간에 글을 읽고 줄거리를 정리하거나, 사회나 과학 교과서에서 중요한 개념을 찾아 이해하는 것도 모두 읽기 이해 능력과 관련이 있다. 읽기 이해가 부족하면 시험 문제를 풀 때 질문의 의미를 잘못 해석해 엉뚱한 답을 적는 경우도 생긴다. 또한 친구들과 이야기하거나 글을 쓸 때도 읽기 이해는 중요하다. 책을 많이 읽고 내용을 깊이 이해하면 표현력이 좋아지고, 글을 쓸 때도 논리적으로 정리하는 능력이 향상된다.

결국, 읽기 이해는 학습의 기초가 되는 중요한 능력이며, 이를 키우면 공부뿐만 아니라 생활 속에서도 정보를 정확히 파악하고 활용하는 데 큰 도움이 된다.

3) 읽기 이해는 어떤 영역으로 이루어져 있나요

읽기 이해는 글을 단순히 해독하는 것을 넘어, 글의 의미를 파악하고 해석하는 과정이다. 이는 크게 사실적 이해, 추론적 이해, 평가적 이해 세 가지 영역으로 나눌 수 있다.

(1) 사실적 이해

먼저, 사실적 이해는 글에 명확하게 제시된 정보를 정확히 찾고 파악하는 능력이다. 독자가 글을 읽고 주요 내용이나 세부 정보를 기억하고, 글에서 제시하는 사실을 올바르게 인식하는 것이 중요하다. 예를 들어, 교과서를 읽고 '이 글의 주제는 무엇인가?' '이 사건은 언제, 어디에서 일어났는가?'와 같은 질문에 답할 수 있는 능력이 사실적 이해에 해당한다.

(2) 추론적 이해

다음으로, 추론적 이해는 글에 직접적으로 나타나지 않은 의미를 유추하는 능력이다. 글의 맥락을 고려해 숨겨진 뜻을 파악하거나, 문장과 문장 사이의 논리적 관계를 이해하는 과정이 포함된다. 예를 들어, "철수가 창문을 열었다. 곧 시원한 바람이 들어왔다."라는 문장을 읽고, 철수가 덥거나 답답함을 느꼈다는 사실을 추론하는 것이 이에 해당한다.

(3) 평가적 이해

마지막으로, 평가적 이해는 글의 내용을 비판적으로 분석하고 해석하는 능력이다. 독자가 글쓴이의 의도를 파악하고, 정보의 신뢰성을 판단하며, 자신의 생각과 비교하여 내용을 평가하는 과정이 포함된다. 예를 들어, "이 글에서 주장하는 내용이 타당한가?" "글쓴이는 어떤 근거를 들어 자신의 의견을 뒷받침하는가?"와 같은 질문에 답할 수 있는 능력이 필요하다.

이처럼, 읽기 이해는 단순히 글자를 읽는 것이 아니라 내용을 정확히 파악하고(사실적 이해), 의미를 유추하며(추론적 이해), 비판적으로 분석하는(평가적 이해) 복합적인 과정으로 이루어진다. 따라서 읽기 능력을 향상시키기 위해서는 이 세 가지 영역을 균형 있게 발전시키는 것이 중요하다.

2. 경계선 지능 학생의 의사소통

1) 경계선 지능 학생의 발달 단계에 따른 읽기 이해 특징은 무엇인가요

경계선 지능 학생들은 글자를 해독하는 것은 가능하지만, 내용을 깊이 이해하는 데 어려움을 겪는다.

먼저, 사실적 이해는 글에 명확히 제시된 정보를 파악하는 능력이다. 경계선 지능 학생들은 주요 내용을 찾거나, 핵심 정보와 부차적인 정보를 구별하는 것이 어렵다. 글의 흐름을 이해하지 못하고 특정 문장만 기억하는 경우가 많다. 추론적 이해에서는 문장 간의 관계나 인과 관계를 파악하는 것이 어렵다. 등장인물의 감정이나 숨겨진 의미를 유추하는 능력이 부족해 글의 맥락을 이해하는 데 어려움을 겪는다. 평가적 이해에서는 글쓴이의 의도를 파악하거나, 정보의 신뢰성을 판단하는 능력이 부족하다. 주장과 근거를 논리적으로 분석하는 데 어려움을 보이며, 여러 관점을 비교·평가하는 것이 쉽지 않다.

결국, 경계선 지능 학생들은 읽기 과정에서 다양한 어려움을 겪으며, 이들에게는 핵심 내용을 정리하는 방법, 문장 간 관계를 이해하는 전략, 비판적으로 사고하는 법을 지도하는 것이 필요하다. 시각적 자료나 구조화된 질문 활용도 효과적일 수 있다.

적용해 볼까요

구체적인 중재 및 지도 방법

경계선 지능의 언어이해 능력 증진에 도움이 될 수 있는 구체적인 교육 지원은 다음과 같다.

1) 맥락 기반 학습 제공

- 단순한 단어 암기보다는 실생활 속에서 언어를 이해하고 활용할 수 있도록 맥락 중심 학습을 제공한다.
- 역할극, 스토리텔링, 실물 자료 활용 등을 통해 실제 경험과 연결하여 학습 효과를 높인다.
- 또래 친구들과 함께하는 스토리텔링 활동을 활용하여 문맥 속에서 자연스럽게 단어와 문장을 습득하도록 한다.

맥락 기반 학습을 활용한 지도 예시

"강아지가 공원에서 공을 찾았어요."라는 이야기를 들려준 후, "어디에서 공을 찾았지?"와 같은 질문을 던져 문맥을 이해하도록 유도한다.

2) 텍스트 구조 학습 전략 활용

- 긴 문장이나 글을 이해하는 데 어려움을 겪는 아동을 위해 텍스트 구조 학습 전략을 활용한다.
- 이야기 도식(Story Mapping)을 통해 이야기의 주요 요소(인물, 사건, 결과)를 시각적으로 정리하여 내용을 체계적으로 파악하도록 돕는다.
- KWL 전략(Know, Want to know, Learned)을 활용하여 읽기 전 · 후로 정보를 정리하며 이해도를 높인다.

  예 알고 있는 것(Know) → 궁금한 것(Want to know) → 배운 것(Learned) 순서로 정리

- 신호어(왜냐하면, 그러므로, 하지만 등)를 학습하여 문장 간 관계를 명확히 이해하도록 지도한다.

텍스트 구조 학습 전략을 활용한 지도 예시

"비가 와요. 그러므로 우산을 써요."에서 '그러므로'가 원인과 결과를 연결하는 신호어임을 설명한다.

3) 단계적 질문을 통한 이해 촉진

아동이 읽은 내용을 정확히 이해했는지 확인하기 위해 단계적인 질문 기법을 활용한다.

- 단순한 질문에서 점차 복잡한 질문으로 발전시키면서 사고력과 언어적 표현 능력을 확장할 수 있도록 한다.
- 기본 이해: "사과는 과일이에요?" → (네/아니요)
- 사실적 이해: "사과는 어디에서 자라요?"
- 추론적 사고: "사과를 냉장고에 넣으면 어떻게 될까요?"

이러한 질문 기법을 활용하면 아동이 단순히 글을 읽는 것을 넘어, 내용을 깊이 있게 이해하고 표현할 수 있는 능력을 자연스럽게 향상시킬 수 있다.

교사와 학부모를 위한 팁

① 중요한 단어를 반복적으로 노출하고, 다양한 문맥에서 활용하도록 지도하기
② 실생활과 연계된 역할극, 스토리텔링을 활용해 자연스럽게 이해를 돕기
③ 이야기 구조 지도, KWL 전략, 신호어 학습 등을 활용해 글의 흐름을 파악하기
④ 단순한 질문에서 점점 복잡한 질문으로 발전시켜 사고력과 이해도를 높이기

프로그램 소개

대표 프로그램 내용

설명문 텍스트 구조 학습 전략 교수가 경계선 지능 학습부진 중학생의 읽기 이해 능력에 미치는 효과

1) 프로그램 개관

항목	내용
주요 활동 및 학습 방법	이 연구에서는 '분류/구분 글 구조 인식하기, 소제목 붙이기, 중심 내용 찾기, 요약하여 내용 다시 말하기' 전략을 활용하였다. 먼저, 모델링과 안내된 연습을 통해 전략을 익히도록 하였으며, 일정 수준에 도달하면 독립적으로 연습할 수 있도록 지도하였다. 또한 중재 효과가 지속되는지를 확인하기 위해 유지 평가를 실시하였으며, 읽기 이해 평가 방법으로는 내용 다시 말하기를 활용하였다.
프로그램 실행 절차	기초선 측정, 텍스트 구조 학습 전략 교수, 독립수행 단계를 거쳐 유지가 되는지를 단일대상연구방법을 통해 확인하였다.
프로그램 개요	텍스트 구조 학습이란 학습자가 설명글을 읽는 과정에서 글의 구조를 이해하고 이를 체계적으로 정리하는 과정이다. 먼저, 글을 처음, 가운데, 끝의 세 부분으로 구분하고, 가운데 부분을 분류, 구분, 구조 등의 유형으로 분석한다. 이후, 그래픽 조직자를 활용하여 글의 구조를 시각적으로 정리하고, 핵심어를 추출하여 소주제를 도출한다. 마지막으로, 소주제에 따라 중심 내용을 정리하고, 이를 바탕으로 글의 내용을 요약하는 방식으로 진행한다.
프로그램 기간	총 20회기(주 3~4회, 50분)
프로그램 대상자	경계선 지능 중학생 3명
진행자	연구자(1인)
진행방법	보고 듣기, 질문하기, 읽기 쓰기, 설명하기, 회상하기 등의 중재 전략을 활용한다.

연구 결과 및 효과	해당 프로그램에 참여한 학생 3명은 기초선 기간과 비교하였을 때 학습한 지문으로 실시하는 형성평가, 그리고 새로운 지문으로 실시하는 총괄평가 모두 지속적인 상승을 보였다. 또한 중재가 끝난 이후에 유지 기간에서도 3명의 학생 모두가 지속되었다. 설명문의 구조를 파악하여 글의 중심 내용을 찾고 글의 내용을 요약하는 읽기 교수 방법이 경계선 지능 학생의 읽기 이해 향상에 긍정적인 영향을 미쳤음을 확인할 수 있다.

2) 프로그램 교수-학습 과정 흐름

단계	교수-학습 활동
도입 (3분)	**글 구조 학습의 필요성 알기**
	1. 글 구조를 파악하여 글을 읽으면 좋은 점 명시적 안내 2. 설명글 구조의 특징 및 성격 안내 (처음/가운데/끝) 3. 분류/구분 구조 안내
전개 (40분)	**[전략 1] 문단 나누기 / 분류(또는 구분) 구조 알기**
	1. 지문 읽기 전 문단 나누기: 들여쓰기 부분에 번호 표시하기 2. 지문 읽은 후 영역별 문단 나누기: 그래픽 조직자에 처음, 가운데, 끝에 해당하는 문단번호 쓰기 3. 분류/구분 구조 형태의 가운데 영역 3개로 분류하기
	[전략 2] 소제목 붙이기
	1. 처음 영역의 핵심어 찾아 소제목 붙이기: 중요한 단어 찾아 중요하게 생각한 이유 설명하며 핵심어 찾아 소제목 붙이고 그래픽 조직자에 정리하기 2. 가운데 영역의 핵심어 찾아 소제목 붙이기: 3개의 분류(또는 구분) 구조 인식하여 각 문단별로 자주 나오는 낱말에 동그라미 표시하고, 그 낱말을 설명해 주는 문장들에 밑줄을 그으며 소제목 붙이기, 그래픽 조직자에 정리하기
	[전략 3] 중심 내용 찾기
	1. 문단의 중심 내용 찾기: 소제목을 설명해 주는 문장에 밑줄 긋고 중심 내용 찾기, 그래픽 조직자에 정리하기
	[전략 4] 요약하여 말하기
	1. 요약도움지 작성하기: 그래픽 조직자를 참고하여 요약도움지 작성하기 2. 요약하여 말하기: 요약도움지를 보고 글의 내용 요약하여 말하기
정리 (2분)	1. 전략 활동 정리 2. 차시 예고

3) 교수-학습 지도안(예시: '똥과 건강 상태')

<table>
<tr><th>단계</th><th>교수-학습 활동</th></tr>
<tr><td rowspan="2">도입
(3분)</td><td>글 구조 학습의 필요성 알기</td></tr>
<tr><td>T: 우리가 만나는 이유는 설명글을 읽을 때 글의 구조를 파악하며 읽기를 배우기 위해서입니다. 글의 구조를 파악하며 읽으면 어떤 점이 좋다고 했나요?
S: 글의 내용을 더 잘 이해할 수 있어요.
T: 맞아요. 설명글은 세 개의 영역으로 나누어진다고 했어요. 기억나나요?
S: 처음, 가운데, 끝이요.
T: 잘 기억하고 있네요. 처음은 무엇을 설명할지 안내하고, 가운데는 안내한 내용에 대해 자세하게 설명하며, 끝에는 설명한 내용을 요약하거나 정리하는 내용이 담겨 있어요.
T: 안내한 내용을 자세하게 설명하는 가운데 부분은 다양한 구조로 이루어질 수 있는데, 우리는 '분류/구분' 구조로 된 글을 읽으며 글의 구조를 파악해 볼 거예요.</td></tr>
<tr><td rowspan="4">전개
(40분)</td><td>[활동 1] 문단 나누기/ 분류(또는 구분) 구조 알기</td></tr>
<tr><td>T: 먼저, 글을 읽기 전에 문단을 나누어 봅시다. 이 글은 모두 몇 개의 문단으로 나누어져 있나요? 들여쓰기 된 부분에 '①~⑤' 표시로 문단을 나누어 봅시다.</td></tr>
<tr><td>〈모델링〉
T: 이렇게 문장의 시작이 다른 문장들보다 안쪽으로 들어간 것을 들여쓰기라고 해요. 선생님이 들여쓰기 된 부분을 찾아 차례로 번호를 써 볼게요. (문단에서 들여쓰기 된 부분을 찾아 차례로 번호를 매기는 과정을 시범 보인다.)</td></tr>
<tr><td>〈안내된 연습〉
T: 들여쓰기 된 부분을 찾아 번호로 써 볼래요? 선생님은 1번부터 5번까지 있다고 생각했어요. 들여쓰기 된 부분이 다섯 부분 있기 때문이에요. ○○이는 몇 개라고 생각했나요?
S: 5개요. (학생 스스로 들여쓰기 된 부분을 찾아 차례로 번호를 매길 수 있도록 한다.)

• 지문읽기와 영역별 문단나누기
T: 나누어져 있는 문단이 각각 어떤 이야기를 하고 있는지 생각하면서 오늘 공부할 설명글을 선생님과 소리 내 읽어 볼까요? (함께 소리 내 읽기)
T: 각 문단들이 그래픽 조직자의 어디에 속하는지 그래픽 조직자에 문단 번호를 적어 봅시다.</td></tr>
</table>

〈모델링〉

T: 선생님은 1문단은 처음, 5문단은 끝에 속한다고 생각했어요. 왜냐하면 1문단을 읽어 보니 '똥과 건강'에 대하여 설명할 내용을 안내하고 있었어요. 무엇을 설명할지 안내하고 있는 문단은 처음이라 생각해서 처음에 1문단을 쓰겠어요. (그래픽 조직자 '처음'에 숫자 '1'을 쓴다.) 마지막 문단인 5문단을 읽어 보니 설명한 내용을 정리하고 요약하고 있어요. 그래서 선생님은 5문단이 끝이라고 생각했어요. (그래픽 조직자 '끝'에 숫자 '5'를 쓴다.) 가운데는 설명할 내용에 대하여 자세하게 설명하는 부분이기 때문에 2, 3, 4문단이 가운데 문단이라고 생각했어요.

〈안내된 연습〉

T: 선생님은 처음은 1문단, 가운데는 2, 3, 4문단, 끝은 5문단이라고 생각했어요. ○○이는 어떻게 생각했나요?

S: 처음은 1문단, 가운데는 2, 3, 4문단, 끝은 5문단이요.

T: 왜 그렇게 생각했나요? 선생님은 1문단은 앞으로 설명할 것이 무엇인지를 안내하고 있고, 2, 3, 4문단은 설명할 내용에 대하여 자세하게 설명했고, 5문단은 설명한 내용을 정리하고 요약했다고 생각했어요. (학생이 중요한 문단의 영역을 나누기 어려워할 경우, 각 문단의 특징에 대한 질문을 하여 학생 스스로 선택하고 이유를 말할 수 있도록 지도한다.)

• 분류/구분 구조 나누기

T: 그래픽 조직자에 번호를 적어 보니 글의 구조를 한눈에 파악할 수 있어요. 이 글의 가운데는 몇 개의 문단으로 분류(또는 구분)하여 설명하고 있나요?

S: 3개로 분류(또는 구분)하여 설명하고 있어요.

[활동 2] 소제목 붙이기

• 핵심어 찾아 소제목 붙이기

T: 네. 그러면 우리는 이제 번호만 써 놓은 그래픽 조직자에 핵심어와 제목을 써 볼 거예요. 설명글은 정보를 전달하기 위해 쓰인 글이에요. 그래서 설명글을 읽을 때는 무엇에 대한 정보를 설명하고 있는지 생각하며 읽어야 합니다. 이번에는 처음 영역을 읽으며 무엇에 대하여 설명하려고 하는지를 찾아보세요. 무엇에 대하여 설명한다고 하나요? 글을 읽으면서 지문의 내용을 대표하는 중요한 단어를 골라 볼 거예요. 중요한 단어는 그 문단에 나오는 가장 중심적인 내용들을 담고 있는 단어예요.

〈모델링〉

T: 선생님은 이 문단을 읽으면서 중요한 낱말에 동그라미를 표시해 보겠어요. 똥, 건강이라는 낱말이 자주 나오고 있네요. 그렇다면 이 글은 똥, 건강에 대한 이야기를 하는 것 같아요. 선생님은 똥, 건강 두 낱말이 동시에 나와 있는 맨 첫 번째 문장을 중요하게 생각했어요. 똥을 보면 건강 상태를 알 수 있다고 문장이 시작된 것을 보니, 아마도 똥과 건강 상태에 대한 이야기를 할 것이라고 예상했어요. 이 문단의 마지막을 읽어 보아도 '똥의 상태를 통해 몸의 건강 상태를 추정할 수 있다.'라고 하는 것을 보니 이 글은 앞으로 똥과 건강 상태를 설명하려고 하는 것 같아요. (그래픽 조직자 맨 위에 '똥과 건강 상태'라고 써 준다.)

〈안내된 연습〉

T: 자, 이제 선생님과 함께 이 문단 안에서 자주 반복되는 낱말을 동그라미 표시해 봅시다. 선생님은 '똥, 건강'을 골랐어요.

S: 똥, 건강 낱말을 골랐어요.

T: 그 낱말이 왜 중요하다고 생각해요? 선생님은 이 문단 안에서 가장 자주 나왔고, 앞으로 이것을 설명하겠다고 문장 안에서도 표현했기 때문에 이 낱말이 중요하다고 생각했어요. (학생이 중요한 낱말 선택을 어려워할 경우, 예시를 주거나 질문을 하여 학생 스스로 중요한 단어를 선택하고 이유를 말할 수 있도록 지도한다.)

T: 가운데 영역은 3개의 분류(또는 구분) 구조로 나뉘어서 자세히 설명되고 있어요. 이번에는 3문단을 각각 어떤 내용을 분류(또는 구분)하여 설명하고 있는지에 대하여 생각하며 읽어 봅시다.

〈모델링〉

T: 선생님은 이 문단을 읽으면서 자주 나오는 낱말에 동그라미를 표시해 보겠어요. 똥, 냄새라는 낱말이 자주 나오고 있네요. 그렇다면 이 부분은 똥의 냄새에 대한 이야기를 하는 것 같아요. 선생님은 이 문단을 읽고 건강한 똥에 대한 정보를 알 수 있었어요. (해당 문장에 밑줄을 그으며) 이 문장을 보며 이 문단은 건강한 똥의 특징에 대하여 설명할 것으로 예상했어요. 건강한 똥의 냄새 특징을 알게 되었으니 선생님은 이 문단의 제목으로 '건강한 똥의 냄새'라고 쓸 거예요. (그래픽 조직자 해당 부분에 '건강한 똥의 냄새'라고 써 준다.)

〈안내된 연습〉

T: ○○이는 이 문단을 읽으면서 어떤 내용을 설명하고 있다고 생각했나요? 선생님은 똥과 냄새에 대한 이야기를 하고 있다고 생각했어요.

S: 똥과 냄새요.

	T: 왜 그렇게 생각했나요? 선생님은 이 문단에서는 똥, 냄새에 대한 낱말이 반복되어 나오고 있고 건강한 똥의 냄새에 대하여 설명하고 있기 때문에 이 문단의 제목은 '건강한 똥의 냄새'라고 생각했어요. (학생이 중요한 소주제를 찾기 어려워할 경우, 예시를 주거나 질문을 하여 학생 스스로 소주제를 찾고 이유를 말할 수 있도록 지도한다.) (가운데 2, 3문단도 같은 방법으로 진행한다.) T: 끝 문단은 글의 내용을 정리해 주는 역할을 해요. 읽어 보고 앞에서 설명한 내용을 정리하고 있는지 확인해 봅시다.
	[활동 3] 중심 내용 찾기
	• 문단의 중심 내용 찾기 T: 우리는 지문을 읽고 그래픽 조직자에 처음, 가운데, 끝 영역을 나누고 가운데 영역을 3개로 나누어 소제목을 만들어 보았어요. 이번에는 우리가 만든 소제목과 관련하여 각 문단에서 어떤 내용을 설명하고 있는지 중심 내용을 찾아볼 거예요. 먼저, 가운데 첫 문단의 제목은 '건강한 똥의 냄새'였어요.
	〈모델링〉 T: 선생님은 이 문단의 제목이 '건강한 똥의 냄새'이기 때문에 건강한 똥의 냄새가 어떤 것인지를 설명한 내용을 찾아봐야겠어요. (문장을 훑어 읽는 모습을 보여 주며 해당 문장에 밑줄을 긋는다.) 이 문장이 제목을 잘 설명해 주는 문장인 것 같네요. '건강한 똥은 냄새가 나지 않고, 나더라도 독하지 않다고 한다.' 이 문장은 제목이 무엇을 말하는지 정확하게 설명해 주고 있기 때문에 이 문단의 중심 내용이라고 할 수 있어요.
	〈안내된 연습〉 T: ○○이는 이 문단의 중심 내용이 무엇이라고 생각하나요? 선생님은 이 문단의 제목이 '건강한 똥의 냄새'이기 때문에 건강한 똥은 냄새가 나지 않고, 나더라도 독하지 않다.'라고 생각해요. S: 건강한 똥은 냄새가 나지 않고, 나더라도 독하지 않다. T: 왜 그렇게 생각했나요? 선생님은 '건강한 똥은 냄새가 나지 않고, 나더라도 독하지 않다.'라는 내용이 이 문단의 제목에 대한 핵심 내용을 설명하고 있기 때문에 중심 내용으로 골랐어요. (학생이 중심 문장을 찾기 어려워할 경우, 예시를 주거나 질문을 하여 학생 스스로 중심 문장을 찾고 이유를 말할 수 있도록 지도한다.) (가운데 2, 3문단도 같은 방법으로 반복한다.)

<table>
<tr><td></td><td>[활동 4] 요약하여 말하기</td></tr>
<tr><td></td><td>• 요약도움지 작성하기
T: 글을 잘 요약한다는 건 글의 내용을 잘 이해했다고 할 수 있어요. 이제 오늘 배운 내용을 요약해 볼 거예요. ‘요약도움지’의 빈칸에 오늘 배운 내용을 넣으면 쉽게 요약할 수 있습니다. 먼저, 이 도움지의 빈칸을 선생님과 함께 채워 볼까요?</td></tr>
<tr><td></td><td>〈모델링〉
요약도움지를 읽으며, 그래픽 조직자의 괄호를 채워 넣는 모습을 직접 시연한다.</td></tr>
<tr><td></td><td>〈안내된 연습〉
T: 선생님은 그래픽 조직자를 보면서 요약도움지를 채울 수 있을 것 같아요. OO이도 해 볼까요? (학생이 도움지를 스스로 완성하지 못하면 그래픽 조직자를 참고하게 하며 질문을 하거나 예시를 주어 스스로 빈칸을 채울 수 있도록 지도한다.)

• 요약하여 말하기
T: 이제 우리가 작성한 요약도움지를 참고해서 말해 볼 거예요. 요약도움지를 보면서 말해도 좋아요.

이 글은 (똥과 건강 상태)에 대해서 설명하고 있어요. 가운데 영역에서 (3) 개로 분류(또는 구분)한 구조로 나누어 자세히 설명하고 있는데 각각의 주제는 (건강한 똥의 냄새), (건강한 똥의 색깔), (건강한 똥의 모양)이에요.
(건강한 똥의 냄새)를 설명한 문단은 (건강한 똥은 냄새가 나지 않거나 나더라도 독하지 않다.)라는 내용이고 (건강한 똥의 색깔)을 설명한 문단은 (건강한 똥의 색깔은 황금색, 황갈색이다.)는 내용이고, (건강한 똥의 모양)을 설명한 문단은 (바나나 모양으로 적당히 굵고 단단하다.)라는 내용이에요.

T: 자, 이 글을 글의 구조에 맞게 요약해 봅시다.</td></tr>
<tr><td>정리
(2분)</td><td>T: 오늘 배운 내용을 정리해 볼게요. 우리는 설명글을 읽고 처음, 가운데, 끝 영역으로 나누었어요. 그리고 자세히 설명하는 부분인 가운데 영역을 세 개의 문단으로 분류(또는 구분)했어요. 분류된 문단의 소주제와 중심 내용을 찾았고, 요약지에 정리하며 읽은 지문의 내용을 다시 말하기 활동을 했어요.

• 차시 예고
T: 다음 시간에도 새로운 설명글을 읽고 ‘요약하여 다시 말하기’를 위해 오늘과 같은 순서로 함께 공부할 거예요. 수고했어요. 다음 시간에 만나요.</td></tr>
</table>

참고문헌

김보령(2019). 설명문 텍스트구조학습이 경계선지능 학습부진 중학생의 읽기 이해 능력에 미치는 효과. 단국대학교 대학원 석사학위논문.

노승림, 신현기(2007). 이야기도식을 활용한 읽기훈련이 ADHD아동의 읽기 이해 및 읽기 태도에 미치는 영향. 特殊教育要求 兒童硏究, 18, 1-22.

정대영, 구남희(2000). 통합교육 환경에서의 KWL기법훈련이 초등학교 읽기 학습장애아의 독해력에 미치는 효과. 초등특수교육연구, 2(1), 19-43.

Dole, J. A., Duffy, G. G., Roehler, L. R., & Pearson, P. D. (1991). Moving from the old to thenew: Research on reading comprehension instruction. *Review of Educational Research, 61*(2), 239-264.

Durkin, D. (1989). *Teaching them to read* (5th ed.). Allyn & Bacon.

Chapter 8

수학

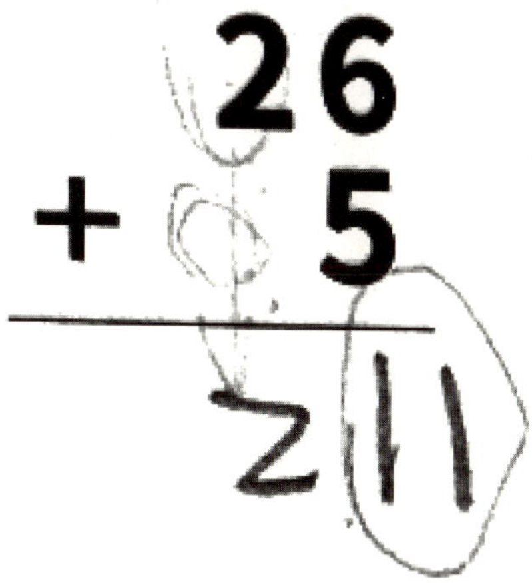

초등학교 5학년 ○○이는 수학 시간에 숫자나 기호를 보는 것만으로도 불안해하고, 계산 문제나 서술형 문제를 풀 때 어려움을 많이 느낀다. 담임선생님께서는 ○○이가 수학 수업 중 질문을 받으면 말없이 고개를 숙이고, 문제를 풀 때 식을 세우는 과정에서 자주 멈칫거리는 모습을 보인다고 하셨다. 특히 덧셈이나 뺄셈처럼 이미 배운 내용임에도 받아올림이나 내림이 들어가면 혼란스러워하거나, 문제의 조건을 제대로 이해하지 못하는 경우가 많다고 한다. 계산 실수뿐 아니라 수 감각이 부족해 수의 크기를 비교하거나 개념적으로 수를 다루는 활동에서 어려움을 겪는 모습도 보인다. ○○이의 부모님은 ○○이가 수학 개념을 충분히 이해하지 못한 상태에서 학년이 올라가 점점 더 수업을 따라가기 어려워하고 있다고 느끼고 있으며, 수학에 대한 불안과 자신감 저하로 인해 학습을 점점 회피하려는 태도까지 보이게 된 상황을 걱정하고 있다.

점검해 볼까요

경계선 지능 학생들은 일반적인 또래보다 수학 개념을 이해하거나 계산을 수행하는 속도가 느리며, 추상적인 개념을 파악하거나 문제 해결에 필요한 전략을 스스로 구성하는 데 어려움을 겪는다. 이들은 수 감각이 미숙하여 수를 양의 개념으로 연결하거나 수 사이의 관계를 직관적으로 파악하는 데 한계를 보이며, 연산 수행에서도 실수가 잦고 절차를 순차적으로 따라가지 못하는 경우가 많다. 다음의 내용을 살펴보면, 수학 학습에서 보일 수 있는 경계선 지능 학생들의 특성들을 확인할 수 있다.

✦ 수학 학습 관련 점검해 볼 수 있는 내용

계산할 때 숫자를 헷갈려서 자주 틀려요.

수학 문제의 조건을 잘 이해하지 못해요.

문제를 풀다가 중간에 멈추거나 순서를 놓쳐요.

수가 크거나 낯선 개념이 나오면 바로 포기하려고 해요.

알아볼까요

1. 수학 학습이란

1) 수학 학습이란 무엇인가요

수학 학습은 수의 개념을 이해하고 이를 바탕으로 다양한 연산, 문제 해결, 수학적 추론 능력을 기르는 과정을 의미한다. 이는 단순히 계산 능력을 넘어서 수학적 사고와 논리적 구조를 이해하고 적용하는 능력을 포함한다. 수학 학습이란 뇌의 수량적 직관과 시각적 · 공간적 기능이 함께 작동하여 수 개념을 형성하고 이를 일반화하는 과정으로 볼 수 있다. 수학은 언어와 마찬가지로 체계적인 규칙과 구조를 가지며, 학습자는 이러한 체계를 이해하고 실제 문제 상황에 적용할 수 있는 능력을 발달시켜야 한다. 특히 수학 학습은 수 감각, 연산 능력, 공간 지각, 문제 해결력 등 다양한 하위 요소의 통합적 발달을 필요로 하며, 단순한 기술 습득이 아니라 개념 중심의 이해와 추론 과정이 수반되어야 한다.

2) 수학 학습은 왜 중요할까요

수학은 기초 학문이자 실생활 전반에 걸쳐 적용되는 도구로서, 학업 성취뿐만 아니라 일상생활의 문제 해결 능력에도 깊은 관련이 있다. 수학은 학문적 성취뿐 아니라 합리적 의사결정, 경제 활동, 공간적 판단 등 생활의 다양한 영역에 직결된다. 수학 학습을 통해 학생들은 논리적 사고, 분석적 문제 해결, 추론과 판단의 능력을 기르게 되며, 이는 모든 교과 학습의 기반이 된다. 특히 초등학교 단계에서는 수와 연산, 도형, 측정, 규칙성 등 수학의 기초 개념을 형성하는 시기로, 이 시기의 수학 경험은 이후 학년의 학습에 지속적인 영향을 준다. 또한 수학은 학습자의 성취감에 직접적으로 연결되기 때문에 학습 동기를 높이고 자존감을 형성하는 데 중요한 역할을 하며, 실패 경험이 누적될 경우 학습 회피나 수학 포기로 이어질 수 있으므로 조기 개입이 중요하다.

3) 수학 학습은 어떤 발달 단계를 거치나요

수학 학습은 연령과 인지 발달 수준에 따라 점진적으로 확장되며, 각 단계에서 요구되는 개념과 사고 양식이 뚜렷하게 구분된다. 피아제(Piaget)는 수학 학습이 구체적 조작기에서 출발해 형식적 조작기로 이행된다고 설명하며, 수학 개념의 이해는 아동의 인지적 준비도에 따라 달라진다고 보았다. 영유아기에는 사물의 수량을 눈으로 구분하는 기초 수 감각이 형성되며, 유아기에는 수 세기, 비교, 단순한 덧셈 · 뺄셈 같은 활동을 통해 수 개념을 습득한다. 초등기(특히, 저학년)에는 사칙연산, 수의 구성과 분해, 자리올림 · 자리내림 등 수학의 기본 구조가 도입되며, 구체물을 활용한 활동을 통해 점진적으로 추상화가 일어난다. 고학년으로 갈수록 분수, 소수, 비율, 도형과 공간 개념 등 보다 복합적인 개념을 다루게 되며, 청소년기에는 수학적 추론과 문제 해결 능력이 확장되고, 대수적 사고와 논리 구조 이해가 본격화된다. 성인기 이후에는 경험 기반의 수학적 적용 능력과 개념 일반화 능력이 강조된다.

2. 경계선 지능 학생의 수학 학습

1) 경계선 지능 학생의 발달 단계에 따른 수학 학습 특징은 무엇인가요

경계선 지능 학생들은 일반적인 수학 발달 단계를 따르지만, 각 발달 시기마다 지속적인 어려움을 겪는 경향이 있다. 피아제(Piaget)는 수학 개념의 이해가 인지 발달 단계와 밀접한 관련이 있으며, 구체적 조작기에서 형식적 조작기로의 전이가 어려운 경우 수학 학습의 난이도가 높아진다고 설명하였다.

영유아기에는 수량을 직관적으로 인식하거나 1:1 대응을 통해 수 개념을 형성하는 데 시간이 오래 걸리며, 수 세기나 수 비교 같은 기초 수 감각 활동에서 오류가 잦다.

초등 저학년에는 덧셈과 뺄셈 같은 기초 연산은 일부 수행할 수 있지만, 자리올림 · 자리내림 개념의 이해가 부족하고, 수의 계열이나 수직선 활용에 어려움을 보인다. 또한 수를 '양'으로 전환하는 추상화 과정이 느려서, 구체물을 통한 조작 없이 개념을 내면화하기 어렵다.

초등 고학년에는 분수, 소수, 단위 개념 등 보다 복잡한 수 개념을 이해하고 적용하는 데 어려움을 겪으며, 문제 상황을 수학적으로 해석하거나 연산을 선택하는 데 시간이 오래 걸린다. 이 시기에는 계산 절차를 단기 기억에 유지하는 능력이 떨어져 연속된 단계 수행에 실패하는 경우도 많다.

청소년기에는 대수, 비례, 도형 등 추상적 수학 개념을 학습하는데, 이 과정에서 연산 실수가 누적되거나 개념 간 연결이 약해 수학적 사고의 흐름을 유지하는 데 어려움을 느낀다. 수학 학습에 대한 불안감이 높아지고, 문제를 회피하거나 소극적으로 반응하는 태도가 나타날 수 있다.

성인기에는 실생활 맥락에서 필요한 수 개념(예: 급여 계산, 예산 계획 등)을 이해하고 적용하는 데 어려움을 보이며, 계산기를 사용할 수 있음에도 수 개념 자체에 대한 불확실성으로 인해 정확한 판단을 내리기 힘들어한다. 새로운 개념이나 복합 연산을 배울 때는 반복적인 시범과 설명이 필요하며, 시각적 자료나 구체적 예시가 함께 제공되어야 한다.

이러한 경향을 고려할 때, 경계선 지능 학생의 수학 학습을 지원하기 위해서는 단계적이고 구조화된 학습, 구체물 기반의 반복적 조작 활동, 시각적 피드백, 실생활 맥락과 연결된 문제 해결 경험이 중요하다. 무엇보다 학습자의 인지적 수준에 맞춘 개별화된 교수 전략이 필요하다.

적용해 볼까요

구체적인 중재 및 지도 방법

1) 구체물(CRA) 기반의 조작 활동 활용하기

경계선 지능 학생은 추상적인 수 개념을 이해하는 데 어려움을 겪기 때문에, 구체물(Concrete) → 반구체물(Representational) → 추상적 기호(Abstract)로 이어지는 CRA 접근법이 효과적이다. 예를 들어, 수 막대, 구슬, 수직선 등 실물 교구를 통해 수를 보이게 하고, 이후 그림이나 점선 등 반구체적 표상을 거쳐 기호 계산으로 나아가도록 지도하면 수 개념의 내면화를 돕는다. 이는 연산 오류를 줄이고 수 감각을 향상시키는 데 매우 유용하다.

2) 수 감각 중심의 기초 활동 강화하기

단순 계산을 반복하기보다 수 크기 비교, 수 세기, 빠진 수 찾기, 수직선상의 위치 파악 등의 수 감각 활동을 먼저 충분히 제공해야 한다. 수 감각은 수학 학습의 기초이며, 특히 경계선 지능 학생들에게는 숫자를 단순한 기호가 아닌 '양의 개념'으로 체득하는 것이 중요하다. 구슬을 짝 지어 세거나 수막대의 길이를 비교해 보는 활동 등을 통해 양감과 수 간의 관계를 직관적으로 이해하도록 돕는다.

3) 단순하고 구조화된 단계별 문제 해결 전략 제시하기

경계선 지능 학생은 문제 해결 과정에서 인지적 과부하를 쉽게 경험하기 때문에, 문제를 작은 단위로 쪼개어 순차적으로 따라갈 수 있도록 지도해야 한다. 예를 들어, '문제 이해하기 → 필요한 정보 표시하기 → 연산 결정하기 → 식 세우기 → 계산하기 → 검토하기'와 같은 구조화된 전략을 반복적으로 훈련시키는 것이 효과적이다. 이때 시각적 자료(문제 해결 카드, 그림 순서표 등)를 함께 제시하면 학생이 각 단계를 명확히 인식하는 데 도움이 된다.

4) 수학 언어와 개념어 사전 가르치기

경계선 지능 학생은 문제 상황의 언어적 표현을 정확히 이해하지 못하는 경우가 많기 때문에, 수학에서 자주 사용되는 어휘(예: '합하다' '차이' '모으다' '크다' '같다' '~보다 많다')에 대한 명확한 언어 지도가 병행되어야 한다. 단어의 의미뿐 아니라 시각적 예시와 함께 설명하고, 학생 스스로 말로 표현해 보게 하는 활동이 필요하다. 문제 해결 전에 '오늘 문제에 나올 중요한 수학 말'을 미리 익히는 것도 좋은 전략이다.

5) 학습 동기를 높이는 즉각적 강화 제공하기

수학 학습에서 반복적인 실패를 경험한 경계선 지능 학생은 쉽게 회피 반응을 보이거나 '나는 수학을 못해.'라는 고정관념을 갖기 쉽다. 따라서 문제를 성공적으로 해결했을 때 즉각적이고 구체적인 칭찬이나 보상을 제공하는 것이 중요하다. 특히 작은 성취에도 강화가 따라야 하며, 개인 맞춤형 강화물(스티커, 간식, 칭찬 카드 등)을 활용하여 수학 활동 자체에 대한 흥미와 자신감을 점차적으로 높여 줄 수 있다.

교사와 학부모를 위한 팁

① 실수하더라도 칭찬과 격려를 통해 수학에 대한 자신감 키워 주기

② 수 개념을 손가락, 구슬 등 구체물로 눈에 보이게 설명해 주기

③ '합하다' '차이' 같은 수학 용어를 일상 언어로 자연스럽게 익히게 하기

④ 문제 해결 과정을 단계별로 나누어 천천히 반복해 알려 주기

⑤ 작고 쉬운 문제라도 성공하면 즉각적인 칭찬이나 보상 제공하기

프로그램 소개

대표 프로그램 내용

경계선 지능 학생을 위한 연산 프로그램

1) 프로그램 개관

항목	내용
주요 활동 및 학습 방법	경계선 지능 아동의 인지적 특성과 학습 수준을 고려하여, 구체물 조작 활동을 중심으로 구성된 구조화된 연산 학습 프로그램이다. 수 구슬, 수 모형, 수세기 링, 사칙연산 카드, 수직선, 숫자 카드 등 다양한 교구를 활용하여, 아동이 직접 손으로 조작하며 수 개념을 체득할 수 있도록 하였다.
프로그램 개요	경계선 지능 아동의 수학 학습을 지원하기 위해 개발된 연산 중심 중재 프로그램이다. 특히 초등학교 저학년 수준의 수 감각, 연산 능력, 수학 학습 동기를 향상시키기 위해 구체물 조작 활동을 기반으로 설계되었다.
프로그램 기간	10주, 주 3회 총 26회기, 회기당 30분
프로그램 대상자	초등학교 2학년 경계선 지능 아동 8명
진행자	2학년 담임교사
연구 결과 및 효과	프로그램을 적용한 결과, 경계선 지능 아동들의 연산 능력과 수 감각 그리고 수학에 대한 흥미와 자신감이 전반적으로 향상되는 모습을 보였다. 수학 문제를 더 정확하고 빠르게 푸는 모습이 점차 늘어났고, 숫자의 크기나 순서를 이해하거나 빠진 수를 찾는 활동에서도 눈에 띄는 성장을 보였다. 수업에 대한 태도 역시 긍정적으로 바뀌었는데, 스스로 "할 수 있다."라는 생각이 커지고, 어려운 문제에도 포기하지 않고 끝까지 해 보려는 자세가 생겼다. 또한 프로그램에 참여한 아이 대부분은 수업을 즐겁게 느꼈고, 구체물을 활용한 활동이 수학 개념을 이해하는 데 많은 도움이 되었다고 말했다. 일부 학생은 교구를 계속 사용하는 것이 번거롭다고 느끼기도 했지만, 전반적으로는 재미있고 다시 해 보고 싶은 수업이라는 반응이 많았고, 친구에게도 추천하고 싶다는 의견도 많았다.

2) 구체물을 활용한 기초 연산 프로그램 교수-학습 과정안 예시

활동명		수 모으기와 가르기(2~5, 6~9, 10)
활동목표		10 이하의 수를 모으기와 가르기를 할 수 있다.
단계		교수-학습 활동
도입 (5분)		동기 유발 및 활동 소개: “수는 모을 수도 있고 가를 수도 있는 마법을 가지고 있어요. 수가 어떻게 마법을 부리는지 영상을 통해 확인해 봐요(가르기와 모으기 동영상을 보여 준다). 영상에서 본 것처럼 우리도 마법사가 되어서 수를 가르고 모아 봐요.”
전개 (20분)	가르기	• 교사 시범: 20알 수 구슬을 준비한다. 구슬 2개를 각각 1개씩 가르기를 한다. • 유도: 아동에게 개인별 20알 수 구슬을 나누어 준다. 아동과 교사가 함께 구슬 2개를 각각 1개씩 가르기를 한다. • 점검: 아동은 교사의 도움 없이 20알 수 구슬을 이용하여 구슬 2개를 각각 1개씩 나누어 가르기를 한다. * 이와 같은 방법으로 3~10까지의 모든 수를 가르기를 한다.
		• 교사 시범: 가르기 활동지를 보드판에 제시한다. 2를 1과 1로 나눌 수 있다고 숫자 스티커를 붙인다. • 유도: 아동과 교사와 함께 보드판에 제시된 가르기 활동지에 2는 1과 1로 가를 수 있다고 숫자 스티커를 표시한다. • 점검: 교사의 도움 없이 아동은 스스로 보드판에 제시된 활동지를 해결한다. * 이와 같은 방법으로 3~10까지의 모든 수를 가르기를 한다.
	모으기	• 교사 시범: 20알 수 구슬을 준비한다. 각각 구슬 1개를 모아 구슬 2개가 됨을 보여 준다. • 유도: 아동에게 개인별 20알 수 구슬을 나누어 준다. 아동과 교사가 함께 각각 구슬 1개를 모아 구슬 2개가 되게 한다. • 점검: 아동은 교사의 도움 없이 20알 수 구슬을 이용하여 각각 구슬 1개를 모아 구슬 2개가 되게 한다. * 이와 같은 방법으로 3~10까지의 모든 수를 모으기를 한다.
		• 교사 시범: 모으기 활동지를 보드판에 제시한다. 1과 1을 2로 모을 수 있다고 숫자 스티커를 붙인다. • 유도: 아동과 교사와 함께 보드판에 제시된 모으기 활동지에 1과 1을 2로 모을 수 있다고 숫자 스티커를 표시한다.

		• 점검: 교사의 도움 없이 아동은 스스로 보드판에 제시된 활동지를 해결한다. * 이와 같은 방법으로 3~10까지의 모든 수를 모은다.
정리 (5분)		◎ **정리**: 가르기와 모으기 활동에 대한 소감 이야기 나누기 및 다음 차시 예고

참고문헌

하정숙(2020). 경계선 지능아동을 위한 연산 프로그램의 중재 효과: 초등학교 저학년을 대상으로. 초등교육연구, 33(4), 273–296. https://doi.org/10.29096/JEE.33.4.11

McIntosh, A., Reys, B. J., & Reys, R. E. (1995). *Subject learning in the primary curriculum: A proposed framework for examining basic number sense*. The Open University.

Piaget, J. (1952). *The origins of intelligence in children* (M. Cook, Trans.). Norton.

Sousa, D. A. (2008). *How the brain learns mathematics*. Corwin Press.

Witzel, B. S., Riccomini, P. J., & Schneider, E. (2008). Implementing CRA with secondary students with learning disabilities in math. *Intervention in School and Clinic, 43*(5), 270–276.

Chapter 9

동기

초등학교 3학년인 ○○이는 학기 초에는 열심히 하고자 하는 의욕과 동기가 넘쳤지만, 무리한 계획을 잡거나 공부하는 방법을 몰라 학습에 대한 동기를 많이 잃은 상태이다. 이러한 상태가 지속되다 보니 수업 시간에 집중하는 데 어려움을 보이며, 과제를 미루거나 포기하기도 한다. 특히 교사의 격려에도 반응이 미미하며, 실패 경험이 쌓이면서 자기효능감이 점점 낮아지고 있다. ○○이의 부모님 역시 ○○이의 학습 태도에 대해 걱정하고 있지만, 효과적인 지도 방법을 찾지 못하고 있다. 어느 순간부터는 아이스크림이나 간식 등과 같은 외적 보상이 있어야만 학습을 하려고 하는 모습을 보인다.

점검해 볼까요

경계선 지능을 가진 학생들은 반복된 학습 실패로 인해 자신감을 잃고, 학습에 대한 동기 역시 낮아지는 경향이 있다. 이러한 경향은 경계선 지능 학생뿐 아니라 다양한 학생에게서도 나타날 수 있다. 특히 학습 동기와 관련된 어려움은 학습에 대한 의욕이나 열정의 부족으로 연결되기도 한다.

다음은 동기와 관련해 점검해 볼 수 있는 내용들로, 이를 통해 학생들이 학습 과정에서 겪는 동기 저하가 어떤 방식으로 학습 태도나 성과에 영향을 미치는지 살펴볼 수 있다.

✦ 동기 관련 점검해 볼 수 있는 내용

노력해도 공부가 잘 안 돼요.

어려운 숙제는 하기 싫어요.

공부할 때 생각보다 분량이 많고,
시간이 오래 걸릴 것 같으면
쉽게 포기하게 돼요.

공부하고 싶은 의욕이
생기지 않아요.

알아볼까요

1. 동기란

1) 동기란 무엇인가요

동기는 특정한 일이나 활동을 하고 싶어 하는 마음으로, 그 일을 하도록 선택하고, 일을 성취하기 위해 일정 부분 참거나 통제할 수 있는 힘을 의미한다. 그중에서도 학습 동기는 학습을 하고자 하는 마음이며, 학습을 시작하고 유지할 수 있게 하는 힘을 의미한다. 높은 학습 동기를 지닌 학생은 학습에 대한 태도가 긍정적이고, 전반적으로 학교생활에 대한 만족도가 높다. 이러한 학습 동기는 귀인을 이해하는 것이 필요하다. 귀인이란 특정 사건이나 행동의 원인을 어떻게 인식하고 해석하는지를 의미한다. 즉, 귀인 이론은 아이들이 어떤 행동이나 결과가 왜 일어났는지에 대해 스스로 이유를 찾는 방식을 설명하는 이론이다. 어디에 귀인하는지에 따라 자기효능감과 학습 동기에 영향을 주기 때문에 중요한 변인이다.

2) 내적 동기/외적 동기란 무엇인가요

내적 동기란 어떤 활동 자체가 흥미롭고 즐거워서 그것을 수행하려는 욕구를 의미한다. 데시와 라이언(Deci & Ryan, 2013)이라는 학자는 내적 동기를 행동 자체가 보상이며, 그 행동을 통해 개인이 즐거움, 만족감, 성취감을 경험하는 상태를 의미한다고 했다. 예를 들어, 수학 문제를 푸는 것이 재밌어서 스스로 공부하는 경우가 그 예이다.

반면, 외적 동기란 어떤 외부의 결과(보상, 칭찬, 인정, 처벌 회피 등)를 얻기 위해 활동을 수행하는 동기를 의미한다. 예를 들어, 상을 받기 위해 공부하거나 부모의 칭찬을 듣기 위해 숙제를 하는 경우가 그 예이다.

교육 현장에서는 내적 동기를 유발하는 것이 중요하나 항상 외적 동기가 부정적이라고 할 수는 없다. 단기적으로 동기 증진이 필요할 때는 외적 동기를 통해 행동을 증진한 후, 내적 동기화시키는 것이 바람직한 때도 있다.

3) 귀인에 대해서 자세히 알려 주세요

버나드 와이너(Bernard Weiner)라는 학자에 따르면 귀인 이론은 세 가지 주요 차원이 있는데, 통제 소재, 안정성, 통제 가능성이 그 세 가지이다.

통제 소재는 행동의 원인을 어디에 두는가를 의미하며, 내적 원인과 외적 원인으로 나뉜다. 내적 원인은 결과가 자신의 능력, 노력 때문이라고 믿는 것으로 "내가 열심히 공부해서 시험을 잘 봤어."라고 생각하는 관점이다. 외적 원인은 결과가 환경, 운 때문이라고 믿는 것으로 "시험 문제가 너무 쉬웠어." 등과 같이 생각하는 관점이다.

안정성은 안정적 원인과 불안정적 원인으로 구분한다. 안정적 원인은 시간이 지나도 변하지 않는 원인으로 "나는 원래 수학을 잘 못해."라고 생각한다. 반면, 불안정적 원인은 시간이 지나면 변할 수 있는 원인으로 "이번 시험은 공부를 적게 해서 못 본 거야."라고 생각한다.

통제 가능성은 통제 가능한 원인과 통제 불가능한 원인으로 나뉜다. 통제 가능한 원인은 자신의 노력으로 바꿀 수 있는 것으로 "다음에 더 열심히 공부하면 잘할 수 있어."라고 생각하는 것을 의미한다. 통제 불가능한 원인은 "시험 날 너무 피곤해서 집중이 안 됐어." 등과 같이 통제가 어려운 것을 의미한다.

2. 경계선 지능 학생의 학습 동기

1) 경계선 지능 학생의 학습 동기가 낮아지는 이유는 무엇인가요

경계선 지능 학생의 경우 학습 내용에 대한 이해 부족 및 기억력 문제, 지속적인 실패 경험으로 인한 학습 회피 경향, 긍정적 피드백 부족으로 인한 자기효능감 부족 등으로 인해 학습에 어려움을 겪는다.

학생들은 내적으로는 "내가 잘할 수 없다."라는 부정적 자기개념과 반복된 실패로 인해 학습에 대한 흥미를 잃은 것, 학습 과제가 학생들의 능력 범위 밖에 있다고 느낄 때 어려워한다. 그 외에도 학생 수준에 맞지 않는 교육 방식, 다른 학생들과의 성과 차이로 인한 열등감, 가정 내 학습 지원 부족 등으로 인해서 어려움을 보인다.

2) 경계선 지능 학생의 학습 동기를 증진하는 방법에는 어떤 것이 있을까요

경계선 지능 및 학습부진 학생들의 동기를 강화하기 위해서는 작은 성공 경험을 제시하는 것이 중요하다. 과제를 작게 나누고, 단계별로 제시함으로써 성공 가능성을 높이는 것이다. 또한 구체적이고 진정성 있는 칭찬을 제공함으로써 자신감을 지닐 수 있도록 하고, 성과를 능력보다는 노력과 전략의 결과로 해석하도록 하는 것이 중요하다. 더불어 모델링을 할 수 있는 여러 사례를 공유함으로써 학습에 대한 동기를 증진하는 것이 중요하다.

적용해 볼까요

구체적인 중재 및 지도 방법

학습 동기가 저하된 경계선 지능 학생의 학습 동기를 증진하기 위해 효과적으로 입증된 구체적인 교육 지원 방안을 제시하고자 한다. 대표적으로 내적 동기와 외적 동기를 증진할 수 있는 방법을 설명한다. 동기 이론에 따르면, 외적 동기 역시 잘 활용하면 효과적일 수 있다. 다만, 외적 동기가 지나칠 경우 지속성이 낮다는 단점이 있기 때문에 내적 동기와 균형을 맞추는 것이 필요하다. 경우에 따라서는 처음에는 외적 동기로 시작했지만 내적 동기로도 충분히 전환이 가능하다. 따라서 내적 동기와 외적 동기 모두 증진할 수 있는 구체적인 중재 방법을 알아보도록 한다.

1) 내적 동기

- 작은 목표를 설정하여 구체적이고 단계적인 목표를 설정한다.
- 실생활과 연계한 학습을 제공한다.
- 쉬운 과제부터 시작하여 점진적으로 난이도를 높인다.
- 구체적인 격려와 모델링 기법을 사용하여 자기효능감을 높인다.

2) 외적 동기

- 짧은 시간 내 달성 가능한 목표에 대한 보상을 제공한다.
- 구체적인 시각적 자료(이미지, 차트, 색상 코드)를 활용하여 학습 내용을 정리한다.
- 또래와 함께하는 학습 활동을 통해 사회적 소속감을 강화한다.
- 학생이 흥미를 느끼는 주제를 기반으로 한 맞춤형 학습을 설계한다.

교사와 학부모를 위한 팁

① 작은 성공 경험을 제공하기

② 시각적 · 구체적 목표 설정하기

③ 외적 동기에서 내적 동기로 연결하기

④ 감정 조절 및 긍정적인 학습 분위기 조성하기

⑤ 짧고 반복적인 학습 환경 만들기

프로그램 소개

대표 프로그램 내용

중학교 전환기 학습부진 학생을 위한 학습 동기 프로그램과 학습 전략 프로그램의 효과 비교

1) 프로그램 개관

항목	내용
학습 목표	이 학습 동기 프로그램과 학습 전략 프로그램의 목표는 중학교 전환기 학습부진 학생에게 학습의 중요성을 인식시키고 성공 경험과 긍정적 피드백을 제공해 학습에 대한 호감을 증진시킴으로써 학업 성취 향상을 도와 학습부진을 해소하는 것이다.
프로그램 실행 절차	단계별 설명 및 활동 내용
프로그램 개요	프로그램 구성 요소는 크게 인지 전략, 자원 관리 전략, 행동 관리 전략, 메타인지 전략으로 구성된다. 인지 전략은 학습 전략의 필요성 이해, 기억 전략 탐색, 핵심 파악 능력 증진, 과목별/시기별 학습 방법 이해로 구성된다. 자원 관리 전략은 학습 방해 요소 인식, 식습관 및 수면 관리 능력 형성, 시간 관리 능력 형성, 학습 환경 관리 능력 형성으로 구성된다. 행동 관리 전략은 올바른 수업 태도 형성, 수업에 집중하는 능력 형성, 효과적인 노트 정리 능력 습득, 시험 준비를 통한 시험불안 감소, 예·복습 기술 형성으로 구성된다. 메타인지 전략은 주의집중 방해 요소 탐색, 시각집중력/청각집중력 향상, 자기점검의 중요성 인식, 자기점검의 도구 작성과 필요성 인식, 학습 과정에 적용하기로 구성된다.
프로그램 기간	18회기로 구성되어 6주간 매주 3회씩 수업 진행. 1회 수업 시간은 60분
프로그램 대상자	중학교 1학년 학습부진 학생 212명
진행자	교사
진행방법	수업은 학기 중에는 방과 후 시간과 재량 활동 시간에, 방학 중에는 학교별로 시간을 정하여 진행하였다. 수업 장소는 학교에 따라 특별교실이나 시청각실, 위클래스에서 진행하였다.

연구 결과 및 효과	이 연구에서는 크게 동기 강화 집단, 전략 강화 집단, 통제 집단 세 집단으로 나누었다. 학습 동기 프로그램과 학습 전략 프로그램이 학습 동기, 학업 지연 행동, 학업 시간, 학업 성취에 미치는 효과를 비교해 본 결과는 다음과 같다. 첫째, 학습 동기는 내적 동기, 외적 동기, 과제 가치, 통제신념, 자기효능감, 시험불안으로 나뉘었다. 그중에 내적 동기와 자기효능감은 학습 전략 프로그램에 참여한 학습부진 학생이 다른 프로그램에 참여한 학생보다 유의하게 높게 나타났다. 학업 지연 행동의 경우 동기 집단과 전략 집단 모두 통제 집단에 비해 유의하게 감소하였다. 학업 시간은 동기 집단과 전략 집단 모두 통제 집단에 비해 학업 시간이 유의하게 증가하였다. 마지막으로, 학업 성취의 경우 교과의 특성에 따라 다르게 나타남이 확인되었다.

2) 프로그램 회기별 주제

회기	제목	목표	내용
1	프로그램을 소개합니다	프로그램 안내와 라포르 형성, 규칙 설정	– 프로그램의 목적을 소개, 이해하기 – 자기소개, 인사 및 집단감 형성하기 – 집단 규칙 정하고 서약서 쓰기
2	나를 알자	학습 전략의 이해와 필요성 인식	– 나의 학습 전략 확인하기
3	나는 기억왕	다양한 기억 전략 이해, 나만의 기억 전략 탐색	– 〈킹왕짱 기억왕〉 게임 – 기억 전략 선택의 중요성 알기 – 기억 전략 경매하기
4	중심을 잡아라	핵심 파악 능력 향상	– 읽기 전략의 중요성 인식하기 – SPARK 읽기 전략 익히기
5	내 몸과 마음의 주인은 나	자기관리의 필요성 인식, 식습관 및 수면 관리 능력 형성	– 식습관과 학습의 관계 알기 – 수면과 학습의 관계 알기 – 행동통제의 중요성 알기
6	공부를 방해하는 너는 누구냐?	학습의 방해 요소 탐색, 방해 요소 제거 필요성 인식	– 일주일 간 학습 활동 기록하기 – 만다라트 작성하기
7	놀이공원 고고	효율적인 시간 관리의 중요성 인식	– 놀이공원 상황 해결하기 – 시간과 학습성에 따른 계획 세우기 – 시간계획의 필요성과 전략 논의하기
8	계획합시다	효율적인 시간 관리 전략 습득	– 시간의 개념 알기 – 바른 시간 관리하기 – 우선순위 매트릭스 만들기 – 중요한 일 계획하기

9	기분 좋은 공간	물리적 환경 개선	– 공부방 그리기 – 방해 요소 제거하기 – 공간 재구조화하기
10	나는 점검맨	점검을 위한 도구 작성과 필요성 인식	– 계획확인을 위한 점검표 만들기 – 나의 다짐 작성하기
11	집중력 스위치를 켜라	올바른 수업 태도 형성, 수업 집중 방법 파악	– 수업에서 행동 파악하기 – 나의 문제점 찾기 – 달라지고 싶은 나의 모습 적기
12	적자생존(적는 자만이 살아남는다)	노트필기의 전략 습득, 예습·복습 방법 습득	– 노트필기의 장점 찾기 – 노트 정리 방법에 대한 필기법 익히기 – 노트를 통한 복습 방법 익히기
13	시험 어렵지 않아요	시험 준비 방법 습득과 시험불안 감소	– 시험불안 유형 및 정도 확인하기 – 시험목표 설정하기 – 시험완전정복 활동하기
14	시험이 끝이 아니에요	시험 마무리/준비 전략 습득	– 시험 후 분석, 평가하기 – 오답노트 작성을 통해 복습하기 – 학습의 문제점 찾기
15	눈은 크게 귀는 쫑긋	• 시각 주의집중력 점검 및 전략 습득 • 청각 주의집중력 점검 및 전략 습득	– 모자이크 문장 만들기 – 〈출구를 찾아라!〉 게임 – 〈조각가가 되어〉 게임 – 단서 찾고 중요한 내용 맞추기 – 〈머릿속의 도화지를 펴고〉 게임 – 〈학교에 가면〉 게임
16	도움이 필요해요	도움 구하기의 중요성과 사회적 자원 인식	– 학습 과정에서 필요한 도움 찾기 – 나의 멘토, 멘티 찾기 – 친구의 장점 찾기
17	그때그때 달라요	• 교과별/시기별 학습 계획과 전략 습득 • 메타인지 전략 습득과 적용	– 내 인생의 학습 그래프 그리기 – 학습 상황별 계획, 조절, 점검하기 – 학습 계획표 작성하기 – 일과표 작성하기
18	성공할 수 있어요	프로그램 마무리	– 비전 확인하기 – 프로그램에서 배운 것에 대한 실천 다지기

참고문헌

김아영(2002). 자기결정성 이론에 따른 학습동기 유형 분류체계의 타당성. 교육심리연구, 16(4), 169-187.

윤연기(2015). 중학교 전환기 학습부진학생을 위한 학습동기프로그램과 학습전략프로그램의 효과 비교. 계명대학교 대학원 박사학위논문.

Deci, E. L., & Ryan, R. M. (2013). *Intrinsic motivation and self-determination in human behavior*. Springer Science & Business Media.

Weiner, B. (2010). The development of an attribution-based theory of motivation: A history of ideas. *Educational Psychologist, 45*(1), 28-36.

Chapter 10

사회성

초등학교 4학년인 ○○이는 친구들과의 관계에서 어려움을 겪는다. 학교와 학원에서 친구를 사귀는 것이 쉽지 않고 막상 사귀어도 관계를 오래 유지하지 못한다. 다른 친구와 다투거나 갈등이 생겼을 때 어떻게 해결해야 하는지 몰라 갈등 상황에서 적절하게 대처하는 것을 어려워한다. 자신의 감정을 알아차리거나 표현하는 것은 물론, 상대방의 감정을 공감하거나 이해하는 것도 힘들어한다. 기분 나쁜 일을 겪으면 화와 짜증만 낼 뿐, 무서움, 슬픔, 섭섭함, 외로움 등의 다양한 감정 단어를 표현하지 못한다.

점검해 볼까요

경계선 지능 학생들은 다른 사람과 관계 맺는 것을 어려워하고 학교에서 활동하거나 놀이 시간에 잘 어울리지 못하는 특성이 있다. 다음 내용은 경계선 지능을 가진 학생들의 사회성과 관련하여 점검해 볼 수 있는 내용이다. 경계선 지능 학생은 대인 관계 형성 및 유지, 갈등 해결, 자신의 감정 인식 및 조절 등에 어려움을 보인다는 것을 확인할 수 있다.

✦ 사회성 관련 점검해 볼 수 있는 내용

다른 사람과 관계 맺는 것이 서툴러요.

다른 사람과 마찰이 생겼을 때 잘 해결하지 못해요.

상황에 맞게 행동을 조절하지 못해요.

다른 아이들의 놀이와 활동에 함께 어울리지 못해요.

알아볼까요

1. 사회성이란

1) 사회성이란 무엇인가요

인간은 살아가면서 여러 형태의 사회적 관계를 경험한다. 사회성은 한 개인이 속한 사회나 집단에서 적절한 사회 관계를 영위하기 위해 필요한 기초적 특성으로, 사회에의 적응 정도를 말한다. 또한 다양한 사람과 사귈 수 있는 개인의 능력을 의미하는 등 통상적으로는 대인 관계의 친화적 능력이 강조되며, 타인과 관계 맺음이 용이하거나 폭넓게 관계를 맺을 수 있는 능력을 의미하기도 한다. 더 나아가 타인의 마음을 깊이 이해하고 공감해 주는 능력까지도 포함한다.

2) 사회성이 좋다는 것은 어떤 의미인가요

사회성이 높은 사람은 학급, 집단 등 주위 환경에 잘 적응하고 집단 활동을 즐기며 친구가 많다. 또한 협동적이고 다른 사람과 충돌이 적으며 새로운 환경에 접했을 때 수월하게 적응할 수 있다. 여러 관점을 종합했을 때 사회성은 다른 사람들과 관계를 맺을 수 있는 능력, 즉 의사소통 능력에 기반한 사교성, 개인의 사회적 적응이나 관계에 대한 타인의 평가에 대한 자신감 정도, 다양한 사람과 편안한 관계를 형성하는 정도인 대인 관계 이 3가지 개념으로 구성된다. 사회성을 하나의 성향으로 보기보다 여러 하위 요소로 구분하기도 한다. 연구자들이 제시하는 사회성 하위 요소 중 비교적 많은 연구자가 공통적으로 제시한 하위 요소는 협동성, 사교성, 자주성, 지도성, 신뢰성으로 정리할 수 있다. 즉, 사람들과 잘 협력하는 협동성, 원만하게 지내는 사교성, 자신을 주장하는 주장성, 설득력을 가지고 이끌어 나가는 지도성, 자신과 타인에 대한 신뢰성이 그것이다.

3) 사회성은 어떻게 발달하나요

사회성 발달은 성인 또는 동료와 유능하게 상호작용할 수 있는 기술을 습득하는 것과, 그렇게 습득한 기술을 상황에 적절하게 사용할 수 있는 능력을 포함한다. 인간이 태어나면서부터 사회적인 특성을 지니고 태어나는 것은 아니다. 사회성은 타인과의 직접적인 인간 관계를 통해 표현되고 발달한다. 자신과 타인의 행동에 대한 건강한 관심과 관찰을 통해 발달하며 선천적으로 형성되기보다 후천적으로 습득된다.

신생아기부터 영유아기까지의 사회성 발달은 부모와의 애착 관계에 기반한다. 이 시기 아동들은 부모와의 애착 관계를 통해 타인을 향한 신뢰감을 획득하며 부모와의 안정적인 애착 관계가 이후 대인 관계 패턴에 영향을 미친다. 학령기가 되면서 아동은 부모로부터 벗어나 교사와 또래 집단의 영향을 받는다. 또래 집단 생활을 통해 사회적 역할과 기능을 배우고 자아 개념을 발달시킨다. 공격성, 이타심 등을 습득하며 타인의 시선을 의식하고 또래의 평가를 중요시하게 된다. 이처럼 사회성 발달은 부모, 또래 집단 등 주변 사람들과의 관계를 경험하면서 이루어진다.

2. 경계선 지능 학생의 사회성

1) 경계선 지능 학생의 사회성 특징은 무엇인가요

여러 연구에서 나타난 경계선 지능 학생의 사회성 특징은 다음과 같다. 이들은 인지 능력이 제한되어 전체 맥락의 상황 파악이 힘들고 상황에 맞는 적절한 대처 행동이 미흡하다. 사회성 기술 하위 영역인 협동, 자기주장, 자기통제, 책임감, 공감의 점수가 낮다. 우울감, 위축감 등의 부정 정서를 경험하고 자신감이 부족하다.

취학 전까지 경계선 지능 학생의 부족한 사회성은 잘 드러나지 않을 수도 있다. 하지만 학령기에 접어들면 학교에 적응하기 어려워한다. 학령기 경계선 지능 학생은 학교생활 규칙 이해가 부족하여 단체생활에 어려움을 보인다. 또한 상대방의 입장을 이해하고 공감하는 능력이 부족하여 타인과의 조화로운 관계 형성에 익숙하지 못한 것으로 나타났다. 중등교육과정에 진입한 이후에는 또래 청소년과 비교했을 때 사회적응력이 퇴보하고 다양한 비행 환경에 쉽게 노출된다. 다양한 상황 속에서 문제를 해결하는 데 어려움이 있어 또래 친구들에게 받아들여지지 못하고, 친구들과 갈등을 겪기도 한다. 또래 친구들에게 거절당하는 경험이나 부모의 지지적이지 않은 태도 등의 경험이 누적되면서 사회정서적으로 복잡한 문제에 부딪히게 되기도 한다.

적용해 볼까요

구체적인 중재 및 지도 방법

일반적인 사회성 향상 전략과 경계선 지능 학생의 사회성 향상에 도움이 될 수 있는 구체적인 교육 지원을 소개하고자 한다. 사회성을 향상시키기 위해서는 자신의 마음을 정확하게 표현하는 것은 물론, 다른 사람을 존중하고 공감하는 능력이 필요하다. 이를 위해 여러 활동에 참여하고 사회 기술을 연습하는 시간이 필요하다.

1) 일반적 사회성 향상 전략

(1) 여러 활동을 통해 협력과 갈등 해결 배우기

- 또래들과 취미 활동 등을 통해 대화와 역할 분담 등의 기본적인 사회 기술을 익힐 수 있도록 한다.
- 가족 구성원과 요리, 운동 등의 활동을 하며 역할 분배, 협동, 자기주장을 배울 수 있도록 한다.
- 일상에서 발생할 수 있는 갈등 상황을 떠올려 보고 역할극을 통해 오해를 해결하는 방법을 연습한다.

(2) 공감능력 키우기

- 타인을 존중하고 배려하는 마음을 학습하도록 한다.
- 갈등이 생겼을 경우 상대방의 입장에서 말해 보는 연습을 한다.
- 친구와 같은 상황을 떠올려 보고 그 상황에서 어떤 감정을 느꼈을지 생각해 본다. 이후 나도 동일한 상황에서 비슷한 감정을 느꼈을 것이라고 이야기해 본다.

2) 경계선 지능 학생을 위한 교육 지원

(1) 다양한 감정 단어 알려 주기

- 감정을 세분화하여 인식할 수 있도록 감정 단어 목록을 살펴본다.
- 특정 감정 단어가 어떤 상황에서 느껴질 수 있는지 상상해 본다.

- 오늘 하루 있었던 일을 떠올리며 감정 일기를 작성해 본다.

(2) 친사회적 기술 연습하기

- 칭찬 연습: 친구를 떠올리며 친구의 장점을 탐색한 후, 어떻게 말하면 좋을지 생각해 본다.
- 감사 표현: '고마워.' '덕분에 책을 쉽게 옮길 수 있었어.' 등 감사 표현을 연습한다.
- 요청하기: 원하는 것을 표현하는 방법을 연습한다. 이때, 요청하는 문장의 끝은 명령이 아닌 질문 형식으로 끝맺는 것이 좋다.

교사와 학부모를 위한 팁

① 다양한 사회적 상황에 노출시켜 협동, 자기주장, 갈등 해결 등을 경험하도록 하기
② 상대방과 같은 상황이라면 어떻게 느꼈을지 상상하며 공감하기
③ 적절한 감정 표현 단어를 교육하기
④ 여러 상황을 상상하며 사회적응행동을 연습하기

프로그램 소개

대표 프로그램 내용

경계선 지능 학생을 위한 자아존중감 및 사회성 향상 인성교육 프로그램

1) 프로그램 개관

항목	내용
주요 활동 및 학습 방법	이 프로그램은 경계선 지능 아동의 자아존중감과 사회성을 향상하는 것을 목표로 하며, 긍정적 자기인식과 자기수용, 자신과 타인 보호, 사회적 소통 방법 학습을 주요 주제로 한다.
프로그램 실행 절차	단계별 설명
프로그램 개요	프로그램의 특징은 능동성, 흥미, 사교기회, 소그룹, 생활지도로 구분된다. 강사의 일방적인 교육보다는 놀이와 활동 중심으로 구성하여 학생들이 직접 참여할 수 있으며 다양한 교구재를 활용하여 흥미를 유도할 수 있다. 학생들의 수준 편차를 고려하여 5명당 1명의 전담 강사를 배치하고, 이 과정에서 자연스럽게 다른 사람과 교류하는 기회를 확보한다.
프로그램 기간	매주 1회 5시간씩 15회(총 75시간)
프로그램 대상자	경계선 지능 초등학생 2~6학년, 중학생. 한 모둠 5명씩 구성함.
진행자	인성지도사 전문 자격이 있으면서 60시간 경계선 지능인 인성교육 과정을 이수한 강사
진행방법	수업, 점심식사, 놀이를 포함하여 5시간으로 구성된다. 이때 점심시간과 휴식시간을 충분히 확보하여 자유 놀이를 진행한다. 프로그램은 실내 강의실과 야외에서 진행한다.
연구 결과 및 효과	이 프로그램은 자신감, 자기표현, 자기보호, 친구 관계의 네 가지 영역에서 학생이 인식하는 자신의 변화와 부모가 인식하는 자녀의 변화를 모두 측정하였다. 학생 자신이 인식하는 변화와 부모가 인식하는 자녀의 변화는 네 영역 모두에서 교육 전에 비해 교육 후가 긍정적인 결과를 보였다. 아동의 개별 변화를 살펴봤을 때, 긍정적인 자아상을 함양하여 활동 참여도의 적극성이 올라간 학생, 자신의 감정을 눈물보다 말로 표현하기 시작한 학생, 소리 지르지 않고 대화로 자신의 의사를 표현하게 된 학생, 공동체에서 지켜야 하는 규칙을 배우게 된 학생 등 다양한 영역에서 긍정적인 효과가 보고되었다.

2) 프로그램 회기별 내용

범주	요소	교육목표	회기	주요 내용
자기 알고 수용하기	인식	1. 긍정적 자아상 함양-자신에 대한 긍정적인 자아상 찾기	1	프로그램 소개 및 교내 라운딩하기, 주사위 게임을 통한 자기소개(1)하기
			2	〈I am ground〉 게임을 통한 친구 이름 외우기, 근사한 자신의 모습 꾸미기
			3	주사위 게임을 통한 자기소개(2)하기, '나와 너 그리고 우리'를 위한 공동 규칙 만들기
			4	손동작으로 표현할 수 있는 긍정적 피드백 익히고 친구의 발표에 활용하기
			5	자신의 손가락을 그리고 자신의 특징을 손가락 그림에 표현하고 꾸미기
			6	자신이 가지고 있는 용기, 배려, 따뜻한 마음 등의 자원 찾고 활용하는 방법 익히기
			7	자신은 혼자가 아니고 자신의 주위에 알게 모르게 도움을 주고받는 간접적인 것들에 대하여 알고 활용하는 방법 익히기
	수용	2. 자신과 타인의 감정 이해-자신과 타인의 감정을 이해하고 수용하기	8	기쁜 감정의 상황, 표정, 단어 등을 표현하고 자신의 모습 사진으로 남기기
			9	신나는 감정의 상황, 표정, 단어 등을 표현하고 자신의 모습 사진으로 남기기
			10	화나는 감정의 상황, 표정, 단어 등을 표현하기, 자신의 모습 사진으로 남기고 타인의 화남이 나에게 어떤 영향을 주는지 이해하기
			11	외로운 감정의 상황, 표정, 단어 등을 표현하고 우산으로 표현하기, 자신의 모습 사진으로 남기기
			12	외로운 감정의 친구에게 공감하는 말을 익히고 우산을 함께 쓰면서 역할극을 통해 적용하기
			13	두려운 감정의 상황, 표정, 단어 등을 표현하기, 자신의 모습 사진으로 남기기
			14	나와 상대의 기쁨, 신남, 화남, 짜증, 슬픔, 두려움과 같은 감정을 활용해 자신의 상황을 상대에게 전달하는 연습하기

<table>
<tr><td></td><td></td><td></td><td>15</td><td>나와 상대의 기쁨, 신남, 화남, 짜증, 슬픔, 두려움 등의 감정이 자연스러운 감정이라는 것을 이해하고 예술 작품으로 승화하여 표현하기</td></tr>
<tr><td rowspan="15">공동체와 소통하기</td><td rowspan="7">보호</td><td rowspan="7">3. 자기수용 및 보호 능력 증진-자신과 타인의 차이를 이해하고 심리적 안정감 높이기</td><td>16</td><td>나만의 보석 키링을 만들고 키링처럼 빛나는 자신을 사랑해 주어야 함을 이해하기</td></tr>
<tr><td>17</td><td>협동 게임을 하면서 자신과 다른 타인을 알고 나와 다른 친구와 협력하는 방법 습득하기</td></tr>
<tr><td>18</td><td>외부에서 들리는 자신에 대한 평가의 말들을 알아채고 대처할 수 있는 방법 익히기(4-2-4 호흡법)</td></tr>
<tr><td>19</td><td>전래동화 ‘토끼와 거북이’ 신버전 속 다양한 특성을 가진 동물들을 통해 사람들이 가진 다양한 특성 이해하기</td></tr>
<tr><td>20</td><td>보물찾기 놀이를 통해 서로를 보호하는 보물과 같은 말을 찾고, 찾은 보물로 노래 만들어 부르기</td></tr>
<tr><td>21</td><td>서로를 보호하는 말에 몸짓을 구성해 팀별로 영상 만들기</td></tr>
<tr><td>22</td><td>앞 시간에 만든 영상 발표하기, 보호 파트에서 했던 활동 정리하기</td></tr>
<tr><td rowspan="8">소통</td><td rowspan="8">4. 사회적 의사소통 능력 증진-공동체 내에서 소통하는 방법 익히기</td><td>23</td><td>체험학습을 통해 규칙, 장소에 맞는 적절한 행동 및 약속 지키기 등을 실천하기</td></tr>
<tr><td>24</td><td>체험학습에서 해야 할 미션 활동 결과물로 필름북을 만들고 발표하기</td></tr>
<tr><td>25</td><td>팀별로 긍정적인 말을 나누고 서로 적용해 보면서 친구들 간의 지지 이해하기</td></tr>
<tr><td>26</td><td>간단한 샌드위치를 만들고 음식으로 마음을 표현할 수 있음을 이해하기</td></tr>
<tr><td>27</td><td>함께 합창하는 것을 통해 전달하고자 하는 메시지를 노래로 표현할 수 있음을 이해하기</td></tr>
<tr><td>28</td><td>역할극을 함께 만들어 가면서 자신이 하고 싶은 이야기를 연극으로 표현할 수 있음을 이해하기</td></tr>
<tr><td>29</td><td>공연 리허설</td></tr>
<tr><td>30</td><td>공연</td></tr>
</table>

참고문헌

강옥려(2016). 경계선급 지능 아동의 교육: 과제와 해결 방안. 한국초등교육, 27(1), 361-378.

곽진영(2021). 경계선 지능 아동의 애착 및 자아존중감 증진을 위한 미술치료 사례연구. 정서행동장애연구, 37(1), 235-264.

권윤희(2006). 청소년의 인터넷게임 중독과 자기효능감, 사회성 및 충동성과의 관계. 대구과학대학논문집, 27, 81-101.

김금선(2011). 부모의 양육태도가 유아의 사회성 발달에 미치는 영향. 청주대학교 대학원 석사학위논문.

김성복(2004). 자기성장프로그램이 중학생의 자아존중감과 사회성 발달에 미치는 효과. 한남대학교 교육대학원 석사학위논문.

김태호(2010). 미니게임의 협동적인 게임플레이가 학습자의 자아효능감과 사회성에 미치는 영향. 한국교원대학교 교육대학원 석사학위논문.

박민정(1996). 집단상담이 여고생의 자아존중감과 사회성 및 욕구에 미치는 영향. 이화여자대학교 대학원 석사학위논문.

이경희, 이규미(2012). 고등학생의 사회성 향상을 위한 집단상담 프로그램 개발. 상담학연구, 13(3), 1537-1561.

이금진(2011). 학령기 경계선 지능 아동의 사회성숙도와 자존감향상을 위한 멘토링 효과성 분석-대학생 멘토와 경계선 아동의 상호효과를 중심으로. 한국가족복지학, 34, 137-165.

장광수(1999). 초등학교 아동의 자아존중감과 사회성및 정신건강과의 관계. 한국교원대학교 대학원 석사학위논문.

정대영, 임성미, 하창완(2018). FIE-B (EM) 프로그램이 경계선 지적기능 아동의 정서지능 및 사회성 기술에 미치는 효과. 특수교육, 17(2), 63-89.

정범모(1971). 인성검사요감(초등학교 고학년용). 코리안테스팅센터.

조수진(2012). 고등학생의 스마트폰 중독과 자존감, 충동성 및 사회성과의 관계. 서강대학교 교육대학원 석사학위논문.

주은미, 최승숙(2018). 경계선급 지능 중학생의 학교생활 경험 및 교육 지원 요구에 대한 학생과 학부모 인식. 학습장애연구, 15(3), 315-344.

홍순혜, 고명희, 엄경남(2024). 경계선지능 학생을 위한 자아존중감 및 사회성 향상 인성교육 프로그램 개발-프로그램의 작동성과 효과성 검증을 중심으로. 학교사회복지, 68, 117-144.

Chauhan, S. (2011). Slow learners: their psychology and educational programmes. *International Journal of Multidisciplinary Research, 1*(8), 279-289.

Frederickson, N. L., & Furnham, A. F. (2004). Peer-assessed behavioural characteristics and sociometric rejection: Differences between pupils who have moderate learning difficulties and their mainstream peers. *British Journal of Educational Psychology, 74*(3), 391-410.

Gresham, F. M., MacMillan, D. L., & Bocian, K. M. (1997). Teachers as "tests": Differential validity of teacher judgments in identifying students at-risk for learning difficulties. *School Psychology Review, 26*(1), 47-60.

Chapter 11

의사소통

초등학교 5학년 ○○의 부모님은 요즘 걱정이 많다. ○○가 대화하는 것을 힘들어하고 또래 친구들과 지내는 것을 어려워하기 때문이다. 담임선생님과 상담했을 때 ○○가 평소 행동하는 것을 보면 다른 친구들과 큰 차이가 없어 보이지만, 친구들 사이에서 자신의 생각을 말로 표현하기 어려워한다는 말을 들었다. 친구들과 대화할 때 자주 눈치를 보고, 모둠 활동과 같은 단체 활동에서 위축된 모습을 보이는 경우가 많다고 한다. ○○와 이야기해 보니 친구들이 사용하는 단어가 무슨 뜻인지 이해가 잘 안 된다고 하고, 친구 관계에서 어떻게 말을 해야 하는지 방법을 모르는 것 같아 보인다.

점검해 볼까요

경계선 지능 학생들은 자신의 생각이나 주장을 말로 전달하기 어려워하거나, 다른 사람의 말을 잘 이해하지 못하는 특성이 있다. 다음 내용은 경계선 지능을 가진 학생들의 의사소통과 관련하여 점검해 볼 수 있는 내용이다. 경계선 지능 학생은 의사소통에서 낮은 어휘 수준, 작문 시 어려움, 이해 및 설명의 어려움 등을 보일 수 있음을 확인할 수 있다.

의사소통 관련 점검해 볼 수 있는 내용

글을 쓸 때 맞춤법을 많이 틀려요.

선생님의 질문을 잘 이해하지 못해요.

듣거나 읽은 내용을 다른 사람에게 제대로 설명하지 못해요.

글을 쓸 때 단순한 문장만 사용하거나 어색한 표현이 많아요.

알아볼까요

1. 의사소통이란

1) 의사소통이란 무엇인가요

인간은 살면서 의사소통을 통해 생각과 감정을 주고받는다. 의사소통은 대인 관계를 시작하고 유지하며 발전시키고 종료시키는 행위이다. 단어나 문법구조를 알고 있다고 원활한 의사소통이 가능한 것은 아니다. 원활한 의사소통이 가능하려면 기본적인 언어 능력을 바탕으로 의사소통 상황을 이해하고 화자의 의도를 파악할 수 있어야 한다. 또한 맥락에 맞는 언어적 및 비언어적 의사소통 기술을 사용할 수 있어야 한다.

2) 의사소통은 왜 중요할까요

Bochner와 Kelly(1974)는 의사소통 능력을 세 가지로 구분하여 제시하였다. 목표를 형성하고 달성하는 능력, 다른 사람과 효과적으로 협동하는 능력, 상황과 환경적 변화에 적절히 적응하는 능력이 그것이다. 의사소통 능력은 학교, 직장, 결혼생활 등 일상생활의 전반적인 영역에 중요한 영향을 미친다. 특정 상황 속에서 상대방의 의도를 평가하고 의사소통을 통해 원만한 대인 관계를 맺을 수 있다는 점에서 성공적인 의사소통 능력은 매우 중요하다. 특히 대인 관계는 의사소통을 기반으로 이루어지기 때문에 적응적인 대인 관계의 형성과 유지를 위해서는 효과적인 의사소통 기술이 요구된다.

의사소통 기술이란 자신의 생각과 감정을 의도에 맞게 타인에게 정확하게 전달할 수 있는 능력이다. 의사소통 기술이 부족하면 자신의 의도를 잘못 전달하여 대인관계에서 갈등이 발생할 수도 있고, 이러한 갈등으로 인해 대인 관계에서의 자신감이 결여되고 삶의 질이 저하될 수도 있다.

3) 인간의 의사소통은 어떤 발달 단계를 거치나요

임소연과 김화수(2023)의 연구에서 제시된 사회적 의사소통의 발달 단계를 살펴보면 다음과 같다. 2세 무렵에는 기본적 의사소통을 습득하고 2세 이후 말을 차례로 주고받기, 사회적 역할에 따른 표현 등이 가능해진다. 4세 이후 화용언어가 빠르게 발달하면서 간접 화법을 이해하기 시작하고 5~7세경에는 다양한 상황에서 적절한 언어 표현이 가능해지며 효과적인 대화를 터득하게 된다. 학령기에 들어서면 대부분의 화용능력이 정교하게 발달하며 중의적인 맥락을 이해할 수 있는 능력이 더욱 발달한다.

2. 경계선 지능 학생의 의사소통

1) 경계선 지능 학생의 발달 단계에 따른 의사소통 특징은 무엇인가요

경계선 지능의 의사소통 특징은 다음과 같다. 영유아기 경계선 지능은 느린 언어발달을 보인다. 초등 저학년이 되어도 여전히 의사소통 능력이 낮고 의사소통이 안 되어 발화를 잘 안 하거나 반항적인 말투를 사용하기도 한다. 이들은 의견 표현을 힘들어하여 맥락에 맞는 대화 내용을 파악하기 힘들어하며, 이로 인해 친구와 다툼이 생길 가능성이 있다. 또한 경계선 지능 아동은 비장애아동들과 비교했을 때 또래와의 문제 해결 능력, 정서 표현 능력, 자기표현에 대한 자신감 등이 부족하다. 말수가 적고 짧은 문장을 사용하며, 자기의견을 잘 말하지 못한다. 이로 인해 친구 관계를 지속하는 데 어려움이 있다.

경계선 지능 아동들은 인지능력이 제한되어 전체적인 맥락에서의 상황 파악과 적절한 대처행동이 어려우며, 이로 인해 또래 관계에서 소외되는 등 사회 부적응 결과를 초래할 수 있다. 또한 자신의 경험이나 생각을 논리적으로 이야기하기 어려워하는 특징이 있다.

경계선 지능 성인 대상 언어치료 경험이 있는 언어재활사의 인식을 살펴본 연구에 따르면, 경계선 지능 성인의 경우 어휘력이 부족하여 표현에 한계를 겪고 특히 감정 어휘를 세분화하여 표현하는 것을 어려워한다. 대화 차례의 전환이나 주제의 전환을 어려워하고 익숙하지 않은 대화 내용을 회피하는 등의 태도를 보인다.

적용해 볼까요

구체적인 중재 및 지도 방법

일반적인 의사소통 능력 향상 전략과 경계선 지능 학생들의 의사소통에 도움이 될 수 있는 구체적인 교육 지원을 소개하고자 한다. 의사소통을 잘하는 것은 자기표현과 원활환 대인 관계를 위해 중요한 능력이며, 경청과 표현의 전략을 활용하여 향상시킬 수 있다.

1) 일반적 의사소통 능력 향상 전략

① 경청 능력 훈련하기

- 상대방 말을 끝까지 듣고 끼어들지 않도록 한다.
- 상대방 말을 들으며 고개를 끄덕이고 '응' '그랬구나'와 같은 반응을 보인다.

② 표현력 강화하기

- 나-전달법(I-message)을 활용하여 상대를 비난하기보다 자신의 감정과 생각을 전달할 수 있도록 한다.
- 지나치게 감정적이기보다 차분하게 말하는 연습을 한다.
- 열린 질문을 활용하여 대화를 확장한다.

EXAMPLE

닫힌 질문	열린 질문
주말 잘 보냈어?	주말 어떻게 보냈어?
운동 좋아해?	좋아하는 운동 있어?

2) 경계선 지능 학생을 위한 교육 지원

① 학습에서 일반 아동과 상대적으로 차이가 적은 저학년 때부터 조기 멘토링 프로그램 실행

② 쉽고 간결한 대화법 사용하기

- 경계선 지능 학생은 대화할 때 되도록 쉽고 간결한 화법을 사용할 필요가 있다. 왜 대화하는지 모르고 야단맞는다고 느낄 때가 많기 때문에 왜 이 대화를 하는지 명시적으로 말해 줘야 한다.

> **[예시]**
> - 너에게 친구 사귀는 법을 알려 주려고 대화하자고 한 거야.
> - 네가 속상한 것 같아서 선생님이 얘기하고 싶었어.

③ 다양한 상황과 맥락에 따라 학습한 언어 연습해 보기

> **[예시]**
> - 선생님께서 다음 수업 시간과 관련하여 전달하신 내용을 반 친구들에게 설명할 때 → 사실을 정확하게 전달하는 연습하기

④ 어휘의 의미를 정확히 이해하고 적절하게 활용하기

- 글을 읽으며 모르는 어휘를 표시한 후 사전에서 찾아 공책에 기록한다. 이때, 유의어, 반의어를 함께 기록하면 활용할 수 있는 어휘를 확장할 수 있다.
- 학습한 어휘를 실생활에서 활용한다. 학습 어휘 활용하여 일기 쓰기, 대화에 활용해 보기 등이 있다.

⑤ 기본적인 언어 이해 능력과 단어, 상식 및 쓰기 훈련, 다른 사람의 말을 주의 깊게 듣고 기억하는 능력 개발하기

교사와 학부모를 위한 팁

① 상대방의 말을 듣는 경청 능력 향상시키기

② 자신의 생각을 전달하고 열린 질문하는 법을 가르치기

③ 쉽고 간결한 표현 방법 가르치기

④ 다양한 상황에 적절한 대화 방법을 역할 놀이로 연습해 보기

프로그램 소개

대표 프로그램 내용

중의성 중심 메타언어 증진 프로그램

1) 프로그램 개관

항목	내용
학습 목표	이 프로그램은 언어 및 의사소통 요소와 교육적 요소가 더해진 통합적 접근의 원리로 구성된 집단 활동으로, 느린 학습자의 언어 및 의사소통 능력을 증진시켜 보다 원활하고 효과적으로 의사소통할 수 있도록 함을 목적으로 한다.
프로그램 실행 절차	회기별 중의성 영역은 매 회기마다 달라지나, 순서는 무작위로 진행할 수 있다.
프로그램 개요	어휘적 중의성, 구조적 중의성, 화용적 중의성이라는 3개의 요소와 메타언어적 요소 중재로 구성되어 중의성을 중심으로 메타언어적 요소가 포함되도록 하였다. 총 12회기로 어휘적 · 구조적 · 화용적 중의성 영역을 각 4회기씩 중재한다.
프로그램 기간	총 12회기(주 1회 50분)
프로그램 대상자	만 19~22세 느린 학습자 성인
진행자	연구자 1인
진행 방법	보고 듣기, 질문하기, 읽고 쓰기, 설명하기, 회상하기 등의 중재 전략을 활용한다.
연구 결과 및 효과	프로그램을 적용한 집단은 참여하지 않은 집단에 비교했을 때 중의성 이해 능력 검사, 표현 어휘 및 수용 어휘 검사, 구문 의미 이해력 검사에서 모두 참여 전보다 참여 후 점수가 향상되었다. 이는 이 프로그램이 느린 학습자 성인의 중의성 이해 능력 향상과 전반적인 어휘 능력 향상에 긍정적인 영향력을 미쳤음을 의미한다. 또한 구문 의미 이해력 향상에도 긍정적인 영향을 미쳤는데, 특히 단락 글 읽고 이해, 시 읽기, 문장 의미 파악 등의 활동과 문장 구조에 따라 다르게 해석할 수 있는 구조적 중의성 회기가 도움이 되었을 것으로 추측한다.

2) 프로그램 회기별 주제

회기	프로그램 회기별 주제	언어 목표	프로그램 회기별 활동 내용
1	광고 속 언어유희 이해	어휘적 중의성	광고를 보고 광고에서 설명하고자 하는 의미를 생각해 보기, 광고 속 중의적 표현을 이해하고 어떤 숨겨진 의미들이 있는지 표현하기, 동음이의어에 대해 이해하여 제시된 어휘의 뜻을 두 가지 이상 적어 보고 의미에 맞는 문장을 만들어 보기
2	간접어가 포함된 상황에 따른 문제 해결	화용적 중의성	문제 상황 예시(학교, 친구, 가정)를 보고 해결할 수 있는 방법에 대한 이야기 나눠 보기, 간접적인 표현이 포함된 담화를 보고 어떤 의미인지 생각하여 표현해 보기, 담화에 포함된 표현을 보고 왜 그렇게 말하였는지, 어떻게 하여야 하는지 적고 말해 보기
3	은유적 중의성 이해를 바당으로 한 도전 시인	어휘적 중의성	시를 읽고 전체적인 주제, 느낌에 대해 이야기 나눠 보기, 시에 포함된 의미를 생각해 보고 어떤 의미가 될 수 있는지 표현해 보기, 시에 포함된 비유, 은유적 중의적 어휘를 골라 어떤 의미로 시에 적용되었는지 표현해 보기
4	구조적 중의성이 포함된 단락 글 이해	구조적 중의성	단락 글을 읽고 이야기의 내용을 순서대로 전개해 보기, 어떤 내용이었는지 회상하고 산출해 보기, 중의적 표현이 포함된 문장을 찾아 골라 보고 어떤 의미로 말하였는지 설명해 보기
5	SNS 속에서 나타난 중의적 의미 이해	어휘적 중의성	유튜브, 인스타그램, 카카오톡 등에서 나타나는 표현, 댓글, 문자 내용들의 예시 살펴보기, 예시 속에서 나타나는 중의적 문장의 의미를 이해하기, 어떤 의미를 나타내는 것인지 알아보고 SNS별 상황에 따른 표현을 배워 보기
6	꾸며 주는 표현이 포함된 문장 이해	구조적 중의성	선생님이 제시한 문장을 보고 꾸며 주는 말을 찾아보기, 꾸며 주는 말의 범위가 될 수 있는 두 가지에 표시하고 될 수 있는 두 가지의 뜻을 적어 보기, 고쳐 쓰기(괄호 넣기, 어순 바꾸기, 반점 찍기 등)를 이용해 중의성이 해소될 수 있는 방법들에 대해 배워 보기

7	상황에 따른 등장인물의 상황 이해와 감정 나누기	화용적 중의성	상황 그림의 등장인물의 대화를 보고 상황을 추측하여 어울리는 감정어를 표현해 보기, 비슷한 감정 어휘(유의어)와 반대되는 감정 어휘(반의어)를 이해하고 표현하기, 감정 카드에 있는 목록을 보고 내가 최근 느낀 감정들을 골라 최종적으로 남은 3가지 감정에 대한 경험 나누기
8	안내문 속 중의적 표현 발견하기	구조적 중의성	중의성 문장이 포함된 안내문을 읽고 전반적인 안내 내용을 이해하기, 중의적으로 표현될 수 있는 문장을 고르고 문법적으로 틀린 부분을 고르기, 중의적 문장은 어떤 의미가 될 수 있는지 적어 보고 문법적으로 틀린 부분은 찾아 고쳐 보기, 중의적 문장이 해소될 수 있는 방법에 대해 알아보기
9	계절을 주제로 한 담화에서의 간접어 이해	화용적 중의성	각 계절의 담화글을 읽고 말의 숨겨진 의미를 파악해 보기, 계절에 따라 나타날 수 있는 간접 표현을 이해하고 적절한 대답을 생각해 보기, 좋아하는 계절을 고르고 3~4명씩 협동하여 만다라를 꾸미고 각 계절에 대해 떠오르는 경험을 이야기하기
10	억양과 강세에 따른 상황 이해	화용적 중의성	상황에 대한 설명과 함께 억양과 강세가 포함되지 않은 문장 듣기, 문장을 듣고 의미를 해석하여 어떻게 하여야 하는지 표현해 보기, 억양과 강세를 포함하여 문장을 듣고 의도를 파악해 보기, 억양 및 강세 포함/미포함에 대한 차이를 설명해 보기
11	어휘적 중의성이 포함된 매체 속 여러 의미	어휘적 중의성	드라마나 예능 프로그램 속에서 중의적 문장 표현이 포함되어 있는 부분을 보고 의미를 이해하기, 의미를 해석하여 문장의 의도를 파악해 보기, 의미가 될 수 있는 것들을 생각해 보고 두 가지 이상의 의미들을 적고 발표하기
12	중의성이 포함된 문장에 대한 나의 생각은	구조적 중의성	구조적 중의성이 포함된 문장을 보고 내용을 이해하고 해결 방법에 대해 의견 발표하기, 모둠을 나누어 중의성의 장/단점에 대해 표현하고 의견 교류하기, 마지막 종합 의견을 정리하여 발표하기, 토의하고 싶은 주제를 정하여 자신의 의견과 생각들을 교환하고 내용을 종합하여 발표하기

3) 1회기 활동지

1회기) 광고 속 언어유희 이해

<table>
<tr><th>주제</th><td colspan="3">광고 속 언어유희 이해</td></tr>
<tr><th>중재 목표</th><td colspan="3">어휘적 중의성 중 다의어, 동음이의어를 이해하고 표현할 수 있다.</td></tr>
<tr><th>진행 흐름</th><th>활동 내용</th><th>언어중재 목표</th><th>도움 영역</th></tr>
<tr><td>도입
(5분)</td><td>광고가 무엇인지에 대해 소개하기
어휘적 중의성이 포함된 광고 보기</td><td rowspan="3">• 광고에서 숨겨진 의미를 찾아 설명할 수 있다.
• 다의어, 동음이의어 등을 이해하고 설명할 수 있다.
• 동음이의어 두 가지 의미의 뜻을 쓸 수 있다.</td><td rowspan="3">어휘력
언어표현력
주의력
쓰기 능력</td></tr>
<tr><td>전개
(40분)</td><td>① 광고를 보고 광고에서 설명하고자 하는 의미를 생각해 본다.
② 광고 속 중의적 표현을 이해하고 어떤 숨겨진 의미들이 있는지 표현해 본다.
③ 광고에 포함된 어휘 외 동음이의어에 대해 이해하여 제시된 어휘의 뜻을 두 가지 이상 적어 보고 의미에 맞는 문장을 만들어 본다.</td></tr>
<tr><td>마무리
(5분)</td><td>활동에서 나타난 중의성 어휘 복습하기
다음 회기에 대한 소개하기</td></tr>
</table>

참고문헌

김동일, 신재현, 김은삼, 장세영(2022). 경계선 지능 학생 지원 방안 탐색. 한국교육과정평가원.

김동일, 안예지, 이연재, 최서현, 박지현, 한은혜, 황지은, 최가람(2021). 서울시 경계선 지능 청소년 실태 및 지원방안 연구 용역 최종보고서. 서울특별시 연구보고서, 1-182.

김여정(2012). 달크로즈 음악치료활동이 지적장애아의 운동 능력, 자기표현 및 사회적 기술에 미치는 효과. 경성대학교 교육대학원 석사학위논문.

박윤희, 박승희, 한경인(2022). 경계선급 지적기능성 '통일된 용어 제안 및 교육 지원 쟁점과 과제: 국내 최근(2010-2022) 연구 문헌분석. 특수교육학연구, 57(2), 31-69.

박찬선, 장세희(2018). 경계선 지능을 가진 아이들. 이담북스.

서울특별시교육청(2020). 경계선 지능 학생 지원 가이드북 I.

이금진(2011). 학령기 경계선 지능 아동의 사회성숙도와 자존감향상을 위한 멘토링 효과성 분석-대학생 멘토와 경계선 아동의 상호효과를 중심으로. 한국가족복지학, 34, 137-165.

이윤정, 김화수(2024). 경계선 지능 성인의 언어 및 의사소통 지원 실태에 관한 언어재활사의 인식: 질적 분석. 특수교육재활과학연구, 63(1), 175-196.

임소연(2024). 느린 학습자를 위한 중의성 중심 메타언어 증진 프로그램 개발 및 적용 효과. 대구대학교 대학원 박사학위논문.

임소연, 김화수(2023). 느린 학습자의 중의적 사고와 사회적 의사소통. 국제다문화의사소통학회 학술대회, 24-34.

정계선, 김경아, 성지아(2013). 간호대학생의 학습유형과 비판적 사고성향이 의사소통능력에 미치는 영향. 한국간호교육학회지, 19(3), 413-422.

정대영, 임성미, 하창완(2018). FIE-B (EM) 프로그램이 경계선 지적기능 아동의 정서지능 및 사회성 기술에 미치는 효과. 특수교육, 17(2), 63-89.

정희정(2006). 경계선 지적기능 아동의 특성 연구. 숙명여자대학교 대학원 박사학위논문.

주은미, 최승숙(2018). 경계선급 지능 중학생의 학교생활 경험 및 교육 지원 요구에 대한 학생과 학부모 인식. 학습장애연구, 15(3), 315-344.

행복한 교육(2024). 경계선 지능 학생(느린 학습자)의 특성과 지원방안. https://happyedu.moe.go.kr/happy/bbs/selectHappyArticle.do?bbsId=BBSMSTR_000000005152&nttId=39102.

Applegate, J. L., & Leichty, G. B. (1984). Managing interpersonal relationships: Social cognitive and strategic determinants of competence. In R. N. Bostrom (Ed.), *Competence in communication: A multidisciplinary approach* (pp. 33–56). Sage.

Bochner, A. P., & Kelly, C. W. (1974). Interpersonal competence: Rationale, philosophy, and implementation of a conceptual framework. *The Speech Teacher, 23*(4), 279–301.

S. Trenholm &., Jensen(2008). *Interpersonal communication* (6th ed.), Oxford University Press.

Chapter 12

정서

중학교 1학년인 ○○이는 초등학교에서 중학교로 진학하면서 학업과 또래 관계에서 큰 어려움을 겪고 있다. 초등학교 때는 비교적 적응을 잘했지만, 중학교에서 과목별 학습 난이도가 높아지고 자기주도 학습이 요구되면서 수업 내용을 따라가는 것이 점점 힘들어졌다. 또한 또래 친구들이 빠르게 새로운 환경에 적응하는 반면, ○○이는 대화 속도를 맞추거나 사회적 신호를 이해하는 데 어려움을 느껴 점점 위축되었다. 이러한 상황이 지속되면서 ○○이는 불안과 우울감을 심하게 경험하고 있으며, 학교에 가기 싫다는 말을 자주 하게 되었다. 어머니는 ○○이의 변화된 모습에 깊은 걱정을 하고 있으며, 특히 아침마다 등교를 거부하는 모습이 잦아져 어떻게 도와야 할지 고민이 크다.

점검해 볼까요

청소년기는 중학교에 진학하고, 또래 관계에 대한 중요성을 느끼면서 원만한 관계를 형성하고자 하는 욕구가 늘어난다. 경계선 지능 학생들은 이 과정에서 원만한 관계를 형성하는 데 어려움을 겪으며 정서적으로 불안과 우울을 경험하게 되는 경우가 많다. 다음의 내용을 살펴보면 정서적으로 불안이나 우울을 느끼는지 긴장감을 느끼는지에 대한 내용을 확인할 수 있다.

정서 관련 점검해 볼 수 있는 내용

대부분의 일에 자신감이 없고 위축되어요.

화가 나는 상황에서 화를 참기가 어려워요.

감성을 적절히 잘 표현하지 못하고 화를 내거나 짜증을 쉽게 내요.

긴장해서 실수하는 경우가 너무 많아요.

알아볼까요

1. 정서란

1) 정서란 무엇인가요

정서를 한마디로 정의하기는 쉽지 않다. 그러나 국내외 다수의 정서 연구에서는 정서 혹은 정서 상태로 나누게 된다. 정서는 슬픔, 기쁨, 공포, 혐오 등의 예가 있으며, 정서를 경험하게 되면 호르몬 분비로 인하여 대개 호흡, 심장박동, 혈압 등이 상승한다. 정서 상태는 보통 기분이나 감정을 나타내는데, 기분(mood)은 수시간 또는 수일간 길게 지속되며 덜 강한 느낌을 의미하며, 감정(feeling)은 직면한 사건에 대하여 느끼는 순간적인 느낌을 말한다.

2) 긍정정서와 부정정서는 어떻게 구분되나요

긍정정서는 개인의 활기차고, 에너지 넘치며, 흥미를 느끼는 정도를 반영한다. 반면 부정정서는 개인의 불안, 분노, 슬픔 등의 부정적인 감정을 얼마나 자주 경험하는지를 반영한다. 대표적인 정서 척도인 PANAS(Positive and Negative Affect Schedule)에서는 긍정정서와 부정정서를 각각 10가지로 나타내고 있다. 긍정정서를 구성하는 단어는 '흥미로운, 신나는, 자신감 있는, 열정적인, 자랑스러운, 정신이 또렷한, 영감을 받은, 결단력 있는, 주의 깊은, 활기찬'과 같은 10가지로 구성되어 있다. 부정정서를 구성하는 단어는 '괴로운, 속상한, 죄책감을 느끼는, 두려운, 공격적인, 짜증나는, 부끄러운, 불안한, 초조한, 무서운'의 10가지로 구성되어 있다. 긍정정서는 삶의 만족에 긍정적인 영향을 주고 부정정서는 삶의 만족에 부정적 영향을 준다는 연구 결과가 보고되고 있다.

3) 정서 조절이란 무엇인가요? 효과적인 정서 조절 전략이 있나요

정서 조절(Emotional regulation)은 개인이 자신의 정서를 조절하고 관리하는 과정을 의미한다. 정서 조절은 정서의 발생, 강도, 지속시간, 표현 방식을 조절하는 능력으로 다양한 측면에서 중요한 기능을 수행한다. 정서 조절이 잘 이루어지면 불안, 우울, 스트레스가 감소하고, 긍정적인 정서 경험이 증가한다. 정서 조절 능력이 부족한 경우, 정신 건강 문제(불안장애, 우울증 등)의 위험이 증가한다. 또한 정서 조절은 사회적 상호작용에서 갈등을 예방하고, 원만한 인간 관계를 형성하는 데 도움을 준다.

효과적인 정서 조절 전략에는 부정적인 사고 패턴을 수정하고, 정서를 긍정적으로 조절하는 훈련을 제공하는 인지행동치료(Cogitive Behavioral Therapy: CBT), 현재 순간에 집중하여 정서를 있는 그대로 받아들이고 조절하는 훈련인 마음챙김 기반 개입(Mindfulness-Based Interventions: MBI) 등이 있다.

2. 경계선 지능 학생의 정서

1) 경계선 지능 학생의 정서적 특성은 어떠한가요

경계선 지능 학생 모두가 정서적 어려움을 겪는다고 단정 지을 수는 없지만 많은 경계선 지능 학생이 사회성 부족으로 인해 또래 관계를 맺는 데 어려움을 겪고, 이는 정서적으로도 영향을 미치는 경우가 많다.

경계선 지능 학생은 또래에게 적절하게 다가가는 것을 어려워하거나 원만한 관계를 맺지 못하여 소외되는 경우가 빈번하고, 이로 인해 대인 관계에서 무력감과 외로움을 느끼는 경우가 많다. 이러한 어려움은 우울 및 불안으로 이어질 수 있으며, 낮은 자아 개념과 자아존중감을 지니게 되어 부정적인 미래상을 그리는 데 영향을 미치게 된다.

2) 경계선 지능 학생에게 정서 조절이 필요한 이유는 무엇인가요

모든 학생이 정서가 급변하는 청소년 시기의 정서 조절에 어려움을 겪게 된다. 그중에서도 경계선 지능 학생에게 정서 조절이 필요한 이유는 정서적 취약성에 있다. 감정을 이해하고 적절히 표현하는 데 취약하기 때문에 분노, 슬픔, 불안과 같은 감정 상태를 정확히 인식하는 데 어려움을 겪을 수 있기 때문이다. 이는 부적절한 감정 표현이나 감정 폭발로 이어질 위험이 나타나게 된다.

한 연구에서는 나의 정서 이해, 타인의 입장에서 정서 이해, 사물이나 동물 등의 입장에서 정서 이해, 나의 행동에 따른 타인의 정서 이해 등의 수업을 통해 자신과 타인의 정서 이해, 공감의 기회를 제공하기도 하며, 학생들의 정서 이해에 대한 증진을 돕는다.

이 외에도 미술치료, 무기력감, 우울감을 해결하기 위한 지원 방안 등을 모색하여 학생들에게 안정적 자아 형성과 자신의 능력을 긍정적으로 인식할 수 있는 여러 프로그램이 실행된다.

3) 정서적 고통을 겪고 있는 경계선 지능 학생에게 도움을 주는 방법에는 어떤 것이 있을까요

정서적 고통을 겪고 있는 경계선 지능 학생을 상담할 때는 인지적인 특성과 정서적인 특성을 모두 고려하는 것이 효과적일 수 있다. 먼저, 자신의 감정과 정서를 명확히 이해하기 위해 정서를 인식하는 연습을 하고 감정 표현하는 훈련을 하는 것이 필요하다. 이에는 감정 단어 카드를 사용하거나 감정 일기를 쓰는 등의 훈련을 해 볼 수 있다. 두 번째로 단순한 문장을 활용하여 현재 감정을 이해할 수 있도록 문장 완성 활동을 하거나 시각적인 자료를 통해 감정의 힘듦 정도를 파악하는 것도 좋은 방법이다.

지속적으로 정서적 어려움을 겪으면 상담을 의뢰하는 것도 방법이다. 이때 상담은 상담 구조가 명확하고, 일관성 있는 피드백을 제시해 주는 형태로 시작하는 것이 좋으며 목표를 구체화하는 것이 중요하다. 경계선 지능 학생들의 정서적 고통을 다루기 위해서는 학생 스스로 감정을 정확히 이해하고, 구조화된 상담을 통해 안정감을 느끼며, 주변 환경과의 협력이 원활하게 이루어지는 것이 중요하다.

적용해 볼까요

구체적인 중재 및 지도 방법

경계선 지능 학생의 정서적 지원을 위해 도움이 될 수 있는 구체적인 교육 지원 방법은 다음과 같다.

1) 정서 인식 훈련 프로그램 활용

- 자신의 감정을 명확하게 인식하고 표현하는 데 어려움을 겪으므로 감정을 인식하고 구체적으로 표현하는 연습을 한다.
- 감정 카드, 감정 일기, 감정 단어 학습 등을 통해 감정과 관련된 어휘를 증진할 수 있다.

2) 자기조절 기술 교육

- 간단한 자기조절 훈련을 통해 감정을 관리할 수 있는 힘을 증진한다.
- 심호흡이나 복식호흡 훈련을 통해 급격한 감정 변화를 완화하는 방법을 익힌다.
- 마음챙김 명상을 통해 현재의 감정을 관찰하고 수용하는 연습을 할 수 있다.

3) 사회적 기술 훈련

- 사회적 상황에서 적절한 감정 표현과 의사소통 연습을 통해 대인 관계 내에서의 갈등을 줄이고 긍정적인 상호작용을 할 수 있다.
- 역할극을 통해 다양한 상황에서 적절한 감정 표현과 대처 방법을 연습한다.
- 사회적 기술 훈련에 대한 피드백 제공을 통해 올바른 감정 표현에 대한 긍정적인 피드백을 제공한다.

4) 부모 및 교사와의 협력 체계 구축

- 경계선 지능 학생의 정서를 지원하기 위해 주변 자원인 부모와 교사의 협력이 중요하다.
- 일관성 있는 감정 조절 전략을 사용함에 있어 가정과 학교에서 동일한 감정 조절 기법을 실시하여 학생의 혼란을 줄인다.
- 부모교육 프로그램 운영을 통해 부모가 긍정적 피드백을 할 수 있도록 지원한다.

교사와 학부모를 위한 팁

① 감정에 대해 인식할 수 있도록 도와주기

② 작은 성공 경험 축적을 통해 성취감을 느낄 수 있도록 하기

③ 역할극이나 상황 시뮬레이션을 통해 사회적 기술을 훈련할 수 있는 상황 마련해 주기

④ 감정을 적절하게 해소할 수 있도록 대처방안이나 해소 방안을 미리 안내해서 실천할 수 있도록 도와주기

⑤ 가정과 학교에서 일관성 있는 지원 체계 구축하기

프로그램 소개

대표 프로그램 내용

그림책과 미술 매체를 활용한 정서 교육 프로그램이 경계선 지능 아동의 정서 지능과 자아존중감에 미치는 효과

1) 프로그램 개관

항목	내용
학습 목표	그림책과 미술 매체를 활용한 정서 교육 프로그램이 경계선 지능 아동의 정서 인식 및 정서 표현과 자아존중감에 미치는 효과를 확인하고자 한다.
프로그램 실행 절차	경계선 지능 아동 10명을 선정하여 실험 집단 5명과 통제 집단 5명을 나눈다. 실험 집단에게는 그림책과 미술 매체를 활용한 정서 교육 프로그램을 적용하고, 이후 통제 집단과 비교한다.
프로그램 개요	이 프로그램은 그림책과 미술 매체를 활용한 정서 교육을 통해 경계선 지능 아동들이 올바른 정서 인식과 표현 능력을 향상하고 높은 자아존중감을 지닌 채 생활할 수 있도록 돕는 데 초점을 두고 있다.
프로그램 기간	회기당 40분, 주 2회, 총 12회기로 진행되었으며 짝수 회기마다 과제를 제시하여 자연스럽게 부모의 참여를 유도하고 가정에서의 연계 활동을 통한 지속적인 효과를 유도하였다.
프로그램 대상자	경계선 지능 아동
진행자	연구자
진행방법	정서 교육 프로그램을 활용하여 학생들의 정서 지능 발달을 돕기 위해 정서 인식 및 표현과 자아존중감을 개발하도록 교육 활동을 진행하였다.
연구 결과 및 효과	프로그램 실시 후, 아동의 정서 인식 및 표현에 미치는 영향, 자아존중감에 미치는 변화를 살펴보았다. 먼저, 정서 인식 및 표현에 있어서 실험 집단의 경우 유의한 증가를 보였다. 그러나 통제 집단은 유의미한 변화를 보이지 않았다. 두 번째로, 자아존중감의 경우 실험 집단의 경우 유의한 증가를 보였다. 그러나

	통제 집단은 유의한 변화를 보이지 않았다. 마지막으로, 정서 교육에 대한 프로그램 만족도를 분석한 결과 다수의 학생이 재미있다고 표현하고, 감정에 대해 자연스럽게 이해하는 모습이 의미 있었다고 표현하였다.

2) 프로그램 회기별 주제

<table>
<tr><th>회기</th><th>영역</th><th>요소(목표)</th><th>주요 활동</th><th>그림책</th></tr>
<tr><td>1</td><td>도입</td><td>프로그램 이해 및 관계 형성</td><td>• 콜라주를 활용한 자기소개하기
• 프로그램 규칙 및 강화 계획 세우기</td><td>-</td></tr>
<tr><td>2</td><td>정서 인식</td><td>정서 이해하기</td><td>• 오늘 나의 감정 표현하기
• 그림책을 통한 정서 이해하기
• 즉석 사진을 활용한 나만의 감정 카드 만들기</td><td>『기분을 말해 봐!』(앤서니 브라운)</td></tr>
<tr><td>3</td><td rowspan="4">정서 표현</td><td rowspan="2">자신의 정서를 인식하기</td><td>• 그림책을 통한 자신의 정서 인식하기
• 티셔츠에 내 마음의 얼룩 새기기</td><td>『마음 빨래』(남개미)</td></tr>
<tr><td>4</td><td>• 그림책을 통한 자신의 정서 인식하기
• 나의 감정을 담은 감정 유리병 만들기
[과제] 컬러몬스터를 활용한 감정 일기 쓰기</td><td>『컬러몬스터: 감정의 색깔』(아나 예나스)</td></tr>
<tr><td>5</td><td rowspan="2">자신 외부의 정서를 이해하기</td><td>• 그림책을 통한 자신 외부의 정서 이해하기
• 친구의 감정 일기를 듣고 컬러몬스터 그리기</td><td>『컬러몬스터: 감정의 색깔』(아나 예나스)</td></tr>
<tr><td>6</td><td>• 그림책을 통한 자신 외부의 정서 이해하기
• 점토를 활용하여 부바(책 주인공) 얼굴 만들기
[과제] 일상에서 관찰한 가족, 친구의 표정 그리기 및 상황 이야기하기</td><td>『마음아, 작아지지 마』(신혜은)</td></tr>
</table>

7		정서를 정확하게 표현하기	• 언어적 · 비언어적 정서 표현 그리기를 통한 감정차트 만들기	–
8			• 그림책을 읽고 정서를 정확하게 표현하기 • 고슴도치 만들기 [과제] '나 전달법'을 활용한 나의 소망 일기 쓰기	『화내지 말고 예쁘게 말해요』(안미연)
9			• 그림책을 읽고 정서를 정확하게 표현하기 • 긍정 열매가 달린 긍정 나무 만들기	『행복은 내 옆에 있어요』(신혜은)
10		정서와 관련된 욕구 표현하기	• 그림책을 읽고 정서와 관련된 욕구 표현하기 • 나의 마음을 담은 알사탕 만들기 [과제] 알사탕 전달하기를 통한 나의 욕구 표현 및 정서 이해하기	『알사탕』(백희나)
11		표현된 정서를 구별하기	• 그림책을 읽고 표현된 정서 구별하기 • 악어와 치과의사의 속마음 알아보기	『악어도 깜짝, 치과의사도 깜짝』(고미 타로)
12	종결		• 그림책 읽기 • 친구에게 편지쓰기 • 프로그램 종결하기 • 편지 교환, 상장 수여 및 강화물 교환하기 • 종결 소감 나누기	『나를 봐』(최민지)

3) 대표 차시

정서 영역	정서 표현	그림책	『알사탕』(백희나)
정서 하위 요소	정서와 관련된 욕구 표현하기		
활동 목표	1. 감정 카드를 활용하여 자신의 감정을 표현할 수 있다. 2. 자신이 느낀 감정의 이유를 말할 수 있다. 3. '표현의 중요성'에 대해 말할 수 있다. 4. 표현하지 못했던 감정이나 욕구를 글로 쓸 수 있다.		

활동 재료	규칙판, 감정 카드, 그림책, 활동지, 캡슐, 편지지, 사탕
활동 내용	
도입(10분)	1. 규칙판 읽기 1) 함께 만든 규칙판을 읽으며 내용을 상기시킨다. 2. 나만의 감정 카드를 활용한 나의 감정 표현하기 1) 나만의 감정 카드를 활용하여 오늘 또는 지금 느끼는 나의 감정을 표현한다. 2) 그 감정을 느낀 이유 또는 상황을 말한다. 3) 발표자 아동이 아닌 다른 아동들에게 발표자 아동이 느낀 감정의 이름과 "왜 그 감정을 느꼈는지?"에 대하여 질문한다.
본 활동(25분)	1. 그림책을 읽고 정서와 관련된 욕구 표현하기 1) 『알사탕』(백희나) 책을 읽는다. 2) '표현의 중요성'에 대해 이야기한다. 2. 나의 마음을 담은 알사탕 만들기 1) 평소 나의 감정이나 욕구를 표현하지 못했던 대상에 대해서 활동지를 작성한다. 2) 표현하지 못했던 나의 감정이나 욕구를 편지지에 적은 후, 사탕과 함께 캡슐에 넣어 알사탕을 완성한다. 3) 알사탕을 전달하기 전 나의 감정에 대해 활동지를 작성한다.
마무리 활동(5분)	1. 활동하며 느낀 감정과 소감 이야기하기 1) 활동할 때의 감정이나 내용에 대해 객관적으로 이야기할 수 있도록 한다. 2) 아동을 격려하고 지지하며 마무리한다(예: 감정 읽어 주기, 수행 결과가 아닌 아동의 행동 자체에 대해 칭찬해 주기, 아동의 변화된 모습 얘기하기 등).
과제	[과제] 알사탕 전달하기를 통한 나의 마음과 상대방 마음 이해하기 • 알사탕을 주고 싶었던 사람에게 알사탕을 전달한다. • 알사탕을 받은 사람의 언어적 · 비언어적 반응을 관찰한다. • 알사탕을 전달한 후의 나의 마음을 활동지에 작성한다.

참고문헌

김동일(2023). 경계선 지능 청소년 아동 · 청소년의 이해와 교육 지원. 학지사.

박찬선, 장세희(2018). 경계선 지능을 가진 아이들. 이담북스.

오대석, 강경선(2024). 타악기앙상블 중심의 집단음악치료가 경계선 지능 청소년의 주의집중력과 불안 및 우울에 미치는 영향. 발달장애연구, 28(2), 255–273.

이금진 (2017). 학령기 경계선 지능 아동의 학교에 대한 주관적 인식 유형 연구: Q방법론 적용. 한국콘텐츠학회논문지, 17(2), 384–393.

정대영, 임성미, 하창완(2018). FIE-B(EM) 프로그램이 경계선 지적기능 아동의 정서지능 및 사회성 기술에 미치는 효과. 특수교육, 17(2), 63–89.

Chapter 13

적응행동

초등학교 4학년 ○○의 부모님은 요즘 걱정이 많다. ○○가 학교생활에 잘 적응하지 못하고, 친구들과 어울리거나 수업에 집중하는 데 어려움을 보이고 있기 때문이다. 수업 시간에 새로운 내용을 접할 때도 스스로 알아보려 하기보다는 친구들에게 물어보거나 선생님의 지시를 기다리는 경우가 많다. 활동 시간에도 적극적으로 참여하기보다는 뒤로 물러서 있거나, 무엇을 해야 할지 몰라 머뭇거릴 때가 있다.

또한 또래 친구들과의 관계에서도 먼저 다가가기보다는 혼자 있는 시간이 많고, 갈등 상황에서도 적절하게 대처하기 어려워한다. ○○와 이야기해 보니, "친구들이랑 어떻게 놀아야 할지 모르겠고, 수업도 어려워요."라며 학교생활 전반에 대해 자신감이 없고, 불안한 마음을 갖고 있었다.

부모님은 ○○가 학교에 잘 적응하지 못하고, 친구 관계나 학습 활동에 소극적인 모습을 보면서 걱정을 느끼고 있다. ○○가 일상생활에서 자신감을 갖고 즐겁게 학교생활을 할 수 있도록 어떻게 도와야 할지 고민하고 있다.

점검해 볼까요

경계선 지능 학생들은 일상생활에서 독립적으로 행동하는 데 어려움을 보이며, 의사소통 및 자기관리와 같은 적응행동 영역에서의 제한으로 나타나는 특성이 있다. 경계선 지능 학생은 일상생활에서의 자기관리 능력, 타인과의 효과적인 의사소통, 문제 상황에서의 적절한 대처 등에서 어려움을 보일 수 있으며, 이러한 제한은 전반적인 적응능력의 저하로 이어질 수 있음을 확인할 수 있다.

◆ 적응행동 관련 점검해 볼 수 있는 내용

계획에 따라 돈을 쓰는 것이 어려워요.

먼 곳으로 이동할 때 기차나 고속버스를 이용하여 찾아가기 어려워요.

스마트폰이나 인터넷을 활용하여 물건을 구매하기 어려워요.

대화 중 나로 인하여 대화가 끊어지는 느낌을 받을 때가 많아요.

알아볼까요

1. 적응행동이란

1) 적응행동이란 무엇인가요

적응행동은 개인이 일상생활에서 마주하는 다양한 사회적 · 개인적 요구에 효과적으로 대응하는 능력을 의미한다. 이는 단순히 특정 기술을 익히는 것을 넘어서, 주어진 환경과 상황 속에서 스스로를 조절하고 독립적으로 기능하며, 타인과의 관계 속에서 원활한 상호작용을 수행하기 위한 복합적인 역량이다. AAIDD(American Association on Intellectual and Developmental Disabilities)에서는 적응행동을 이해하는 주요 틀로서 개념적 · 사회적 · 실제적 관점을 다음과 같이 제시하고 있다.

(1) 개념적 적응행동

개념적 적응행동은 사회의 규범과 기대를 이해하고, 이에 따라 행동을 판단하고 선택할 수 있는 사고력과 판단력을 중심으로 한다. 이는 일상 속에서 어떤 행동이 바람직한지를 인식하고, 그 기준에 따라 스스로의 행동을 조절하는 능력을 포함한다. 예를 들어, 시간 개념을 이해하거나 규칙을 판단하여 적절한 행동을 선택하는 것은 개념적 적응행동의 한 부분이다.

(2) 사회적 적응행동

사회적 적응행동은 실제 생활 속에서 타인과의 관계에서 어떤 방식으로 행동하고 기능하는지를 관찰 가능한 모습으로 평가하는 영역이다. 여기에는 의사소통, 대인관계, 책임감, 사회적 규칙 준수 등이 포함되며, 실제로 일상에서 얼마나 효과적으로 관계를 맺고 적절하게 반응하는지를 중심으로 본다. 교실, 가정, 또래 관계 등 다양한 사회적 장면에서 드러나는 행동이 이 영역의 평가 대상이 된다.

(3) 실제적 적응행동

실제적 적응행동은 개인이 지식이나 기술을 실제 생활 속에서 어떻게 활용하는지를 중점적으로 다룬다. 단순히 알고 있는 것을 넘어, 그것을 실천하고 실행할 수 있는 능력, 즉 생활 수행력과 자립성에 초점을 맞춘다. 예컨대, 용돈을 관리하거나 대중교통을 이용하는 것, 스스로 식사나 위생 관리를 하는 행동들이 여기에 해당된다.

이처럼 적응행동은 단순한 행동의 나열이 아니라, 개념적 이해, 사회적 기능, 실제적 실행력이라는 세 가지 관점이 유기적으로 작용하는 복합적 개념이다. 각각의 관점은 독립적으로 기능하면서도 상호보완적으로 작용하여, 개인의 전반적인 발달과 삶의 질에 중요한 영향을 미친다.

2) 적응행동은 왜 중요할까요

적응행동은 단순히 일상생활을 잘 해내는 능력 이상의 의미를 지닌다. 이는 개인의 자율성과 사회성, 실천력을 통합적으로 반영하는 요소로서, 전인적 발달과 삶의 질을 결정짓는 데 중요한 역할을 한다. 이와 같은 중요성은 개념적 · 사회적 · 실제적 적응행동의 관점에서 더욱 구체적으로 설명될 수 있다.

(1) 개념적 적응행동

개념적 적응행동은 사회적 규범과 기대를 인지하고, 그에 따라 행동을 조절하는 능력과 관련된다. 이 능력이 잘 발달된 사람은 자신의 행동이 어떤 맥락에서 어떤 의미를 가지는지를 이해하며, 스스로 올바른 선택을 할 수 있다. 따라서 개념적 적응행동은 비판적 사고력, 자기조절력 그리고 윤리적 판단 능력과 직결되어, 학생이나 성인이 사회에 참여하고 건강한 삶을 유지하는 데 핵심적인 기반이 된다.

(2) 사회적 적응행동

사회적 적응행동은 타인과의 관계 속에서 얼마나 효과적으로 소통하고 조화롭게 지내는지를 의미한다. 이는 학교, 가정, 또래 관계 등 일상 속 다양한 사회적 상황에서 관찰되며, 대인 관계 기술, 공감 능력, 사회적 규칙의 이해와 실천을 포함한다. 사회적 적응능력이 부족하면 고립되거나 부적절한 행동을 반복할 수 있으며, 반대로 잘 발달된 경우에는 협동적이고 책임 있는 구성원으로 성장할 수 있다.

(3) 실제적 적응행동

실제적 적응행동은 알고 있는 것을 실제 삶 속에서 실행할 수 있는 능력, 즉 생활기술과 자립능력을 의미한다. 시간 약속을 지키거나, 용돈을 계획적으로 사용하는 일, 교통수단을 스스로 이용하는 것처럼 실생활에서 적용 가능한 행동은 이 영역에 속한다. 이러한 능력은 단순한 지식보다 더 실질적인 의미를 가지며, 자율적인 삶의 기반이 된다. 실제적 적응행동이 부족할 경우 일상생활을 유지하는 데 어려움을 겪게 되며, 장기적으로는 사회적 독립에 제한이 생긴다.

이처럼 적응행동은 각 영역이 따로 기능하는 것이 아니라, 서로 보완적으로 작용하며 개인의 전인적 성장과 사회적 참여, 자립적인 삶을 가능하게 한다. 따라서 적응행동은 교육 현장뿐 아니라, 삶 전반에서 지속적으로 관심을 가지고 지도해야 할 중요한 발달 영역이라고 할 수 있다.

2. 경계선 지능 학생의 적응행동

1) 경계선 지능 학생의 적응행동의 특징은 무엇인가요

경계선 지능을 가진 학생들은 지적장애보다는 지능이 높지만 평균보다는 낮은 인지적 수준을 보이며, 후천적인 노력과 지도에 따라 평균으로 성장할 수도 있으며, 반대로는 지적장애 수준으로 퇴보가 가능한 경계에 있다. 주의집중 문제와 학업 그리고 또래 관계에 있어서 갈등을 겪으며, 이로 인해 일상생활이나 학습에서 꾸준히 어려움을 겪는 경우가 많다. 이러한 학생들의 적응행동 특성을 개념적 · 사회적 · 실제적 적응행동의 세 가지 측면에서 살펴볼 수 있다.

(1) 개념적 적응행동

개념적 적응행동의 측면에서 경계선 지능 학생은 사회적 규범이나 규칙을 인지하고 해석하는 능력이 부족한 경우가 많다. 시간 개념, 수 개념, 읽기 · 쓰기 등 기초적인 학습 능력은 일부 갖추고 있지만, 이해력과 추론 능력이 약해 복잡한 문제 상황에서는 적절한 판단을 내리기 어려워한다. 그로 인해 종종 상황에 맞지 않는 반응을 보이거나, 지시를 반복해서 들어야 이해하는 경우가 많다.

(2) 사회적 적응행동

사회적 적응행동에서는 또래와의 관계 형성이나 유지에서 어려움을 겪는 모습이 자주 나타난다. 감정 표현이 서툴고, 상대방의 말이나 행동 의도를 잘 파악하지 못해 갈등 상황에 쉽게 휘말리기도 한다. 사회적 규범에 대한 이해가 부족하여, 규칙을 어기거나 충동적으로 행동하는 경우도 있으며, 비언어적 신호나 암묵적인 사회 규칙을 해석하는 데 어려움을 보인다. 이로 인해 교우 관계나 집단 활동에서 소외감을 느낄 수 있다.

(3) 실제적 적응행동

실제적 적응행동에서는 일상생활을 독립적으로 유지하는 데 필요한 실행력이 부족한 경우가 많다. 예를 들어, 정해진 시간에 맞춰 등교하거나, 용돈을 계획적으로 사용하는 등의 활동에서 반복적인 지도가 필요하다. 생활 기술을 배운다 해도 그것을 실제 상황에서 자연스럽게 적용하는 데 어려움이 있으며, 작은 변화나 예기치 못한 상황에 적응하는 데 시간이 오래 걸리는 경향이 있다. 자립적인 생활을 위한 능력이 미숙해 부모나 교사의 지속적인 지원이 필요한 경우가 많다.

이처럼 경계선 지능 학생의 적응행동은 인지적 판단의 불안정성, 사회적 기술의 미숙함, 실행 기능의 제한이 복합적으로 나타나는 것이 특징이며, 세 가지 영역 모두에서 일관된 지원과 구조화된 환경이 필요하다. 적절한 중재와 반복적인 실천 기회를 제공하면 긍정적인 변화가 가능한 만큼, 이들의 발달 특성을 이해하고 맞춤형 지원을 제공하는 것이 중요하다.

적용해 볼까요

구체적인 중재 및 지도 방법

경계선 지능 학생들은 자기관리, 책임감 및 자기조절, 사회적 행동 등 적응행동의 여러 영역에서 어려움을 보인다. 이를 개선하기 위해서는 학생의 특성과 실제 생활 맥락을 반영한 중재가 필요하며, 다음과 같은 방법들이 효과적이다.

1) 시각적 도구와 루틴을 활용한 자기관리 지도

경계선 지능 학생은 일상생활을 계획적으로 수행하는 데 어려움을 보인다. 이를 보완하기 위해 시각적 스케줄표, 체크리스트, 시간표 등을 활용하여 하루 일과를 구체적으로 안내하고, 반복적으로 실천할 수 있도록 한다. 예를 들어, '학교 준비 3단계(세수하기-가방 챙기기-시간 맞춰 등교)'를 시각 자료로 제시하고, 스스로 체크하도록 지도한다. 반복적인 구조화와 칭찬 피드백을 통해 자기효능감과 독립성이 향상될 수 있다.

2) 책임감 및 자기조절 능력을 키우는 단계별 목표 설정

책임감과 자기조절이 부족한 학생은 감정에 휘둘리거나 충동적으로 행동하는 경우가 많다. 이를 위해 '단기 목표 설정하기 → 실천 계획 세우기 → 행동 피드백 받기'와 같은 구조화된 방법을 적용할 수 있다. 예를 들어, '이번 주는 준비물 빠뜨리지 않기' '쉬는 시간 5분 전에 자리 정리하기' 등 구체적인 목표를 세우고, 실천 여부를 간단한 기록지에 표시하면서 피드백을 제공한다. 실수했을 때는 부드럽게 되돌아보게 하여 자기인식을 도울 수 있다.

3) 원예 활동을 통한 적응행동 향상

원예 활동은 경계선 지능 학생의 적응행동을 자연스럽게 향상시키는 데 효과적인 교육 방법이다. 식물을 심고 가꾸는 과정은 계획성, 책임감, 지속적인 관심을 요구하기 때문에 자기관리 능력을 키우는 데 도움이 된다. 매일 물을 주거나 잡초를 제거하는 활동을 통해 일상의 루틴을 형성하고, 책임 있는 행동을 실천하는 기회를 제공할 수 있다. 또한 식물의 성장 과정을 관찰하고 이름을 알아보는 과정에서 학생들은 주의집중력과 탐구심을 기를 수 있으며, 화분을 꾸미거나 꽃의 색과 향기를 표현하는 활동은 자기표현력과 감정이입 능력에도 긍정적인 영향을 미친다. 이처럼 원예 활동은 단순한 손작업을 넘어서, 자기조절, 타인과의 소통, 성취 경험을 통해 적응행동 전반을 촉진하는 교육적 자극이 될 수 있다.

교사와 학부모를 위한 팁

① 시각적 도구와 루틴을 활용한 자기관리 지도하기
② 책임감 및 자기조절 능력을 키우는 단계별 목표 설정하기
③ 원예 활동을 통해 적응행동 향상시키기
④ 역할 놀이와 사회적 상황 연습으로 사회성 향상시키기
⑤ 또래 멘토링이나 협동 활동을 통한 긍정적 상호작용 유도하기

프로그램 소개

대표 프로그램 내용

원예 요법이 학습부진 중학생의 적응행동 및 정서적 안정에 미치는 영향

1) 프로그램 개관

항목	내용
주요 활동 및 학습 방법	이 연구는 학습부진 중학생들에게 원예 요법을 적용함으로써 학습 동기를 부여하고, 정서적 안정과 사회성을 증진시켜 부적응 행동을 줄이는 데 도움을 주고자 하였다. 기존 원예 치료 이론과 프로그램을 바탕으로 구성되었으며, 학생들의 수준에 맞춘 다양한 원예 활동이 포함되었다. 총 6주간 주 2회씩, 총 12회(회당 60분)의 수업이 진행되었고, 각 회기마다 활동 주제와 목표가 설정되어 체계적인 프로그램으로 운영되었다. 원예 요법을 통해 학습부진아의 적응행동 및 정서 안정에 미치는 영향을 확인하고자 하였다.
프로그램 실행 절차	• 한국판 적응행동검사(K-ABS) • 성신 자기개념검사의 하부영역 5가지 중 청소년들의 정서적 적응 문제들을 진단하는 정서 안정 검사척도만 사용
프로그램 개요	이 연구에서 실시한 원예 요법 프로그램은 기존의 다양한 원예 치료 자료와 이론을 바탕으로, 학습부진 중학생의 특성과 흥미를 반영하여 6주간 총 12회기(주 2회, 회기당 60분)로 구성되었다. 프로그램은 실내 및 야외 활동을 포함하며, 정서 안정, 자아성취감, 자기표현력, 사회성 증진 등을 목표로 하였다. 초기 회기에서는 자기소개와 간단한 관찰 활동을 통해 긴장을 완화하고 친밀감을 형성하며, 중간 회기에서는 무순 기르기, 화분 만들기, 허브 포장, 식물을 이용한 음식 만들기 등을 통해 자아 개념과 자신감을 키우는 활동이 이루어진다. 후기 회기에는 수경재배, 향주머니 · 비누 · 리스 만들기 등 창의적 체험을 통해 정서적 만족과 자기표현력을 높이는 활동이 중심이 되며, 최종 회기에는 학교 숲을 관찰하고 가꾸는 야외 활동을 통해 자연 친화성과 공동체 의식을 기를 수 있도록 구성되었다.

프로그램 기간	총 12회기(주 2회, 60분)
프로그램 대상자	학습부진 중학생 12명
진행자	연구자(1인)
진행방법	중학교 전교생 1,002명 중 담임교사의 추천을 받은 학생 50명을 대상으로 국가수준 기초학력 진단평가를 실시하였고, 그 결과 학습부진아로 판별된 24명을 최종 연구 대상자로 선정하였다. 이후 원예 요법에 자발적으로 참여하겠다고 응답한 12명을 실험 집단으로, 나머지 12명을 통제 집단으로 구성하였다. 실험 전에는 두 집단 모두에게 사전 흥미 진단과 함께 적응행동 검사 및 정서 안정성 검사를 실시하고, 원예 요법에 대한 오리엔테이션을 진행하였다. 학생들의 원예 경험과 선호도를 파악하기 위해 흥미조사표를 활용하였으며, 조사 결과를 바탕으로 개별 흥미에 맞는 활동 내용이 프로그램에 반영되었다.
연구 결과 및 효과	• 사회적 적응행동: 원예 요법을 적용한 실험 집단은 공격성, 반항 등 부적응 행동이 눈에 띄게 감소하였으나 통제 집단은 변화가 거의 없어, 사회적 행동 개선에 원예 요법이 효과적임을 보여 준다. • 개인적 적응행동: 예절 행동은 향상되었으나, 버릇이나 습관과 같은 영역은 큰 변화가 없었다. 즉, 개인적 행동 중 일부 사회적 요소에만 부분적인 효과가 있었다. • 전체 적응행동: 실험 집단의 전체 적응행동 점수가 전반적으로 향상되며 통제 집단과 뚜렷한 차이를 보였으며, 이는 원예 요법이 학습부진 학생의 전반적인 적응능력 향상에 기여했음을 의미한다. • 정서적 안정성: 실험 집단은 원예 활동 후 정서 안정 점수가 상승하였고, 감정조절력이 향상되었으며, 식물 돌보기와 창작 활동이 불안 감소와 정서 발달에 긍정적인 영향을 주었다.

2) 원예 요법의 활동 주제와 목표

차시	활동 주제	목표
1	프로그램 안내 및 자기소개	프로그램에 대한 이해와 서로에 대한 친밀감 형성
2	과일 얼굴 관찰하기	자기표현하기, 정서적 안정감, 긴장감 해소
3	무순 기르기	불안감과 긴장감 해소, 자아성취감, 정서적 안정감 형성
4	나만의 화분 만들기	자기표현하기, 정서적 안정감, 긴장감 해소

5	허브 식물로 화분 포장하기	자기표현하기, 정서적 안정감, 긴장감 해소
6	직접 기른 무순으로 한솥밥 만들기(비빔밥)	정서적인 만족감, 교우 간 유대감 기르기, 자신감과 성취감 형성
7	공기 정화 식물 수경 재배하기	정서적인 만족감, 긴장감과 스트레스 해소
8	포푸리를 이용한 향주머니 만들기	불안감 및 스트레스 해소, 자기표현력, 자아성취감 형성
9	직접 기른 허브로 비누 만들기	자아성취감 형성, 정서적 안정감, 자기표현력
10	내 방 장식용 리스 만들기	불안감 및 스트레스 해소, 자기표현력, 자아성취감 형성
11	학교 숲의 야생화 관찰하여 나의 꽃 정하기	주변에 흥미 갖기, 호기심, 흥미유발, 자연친화력 형성
12	학교 숲 가꾸기	자아성취감 형성, 애교심과 협동심 기르기

3) 수업 지도안

<table>
<tr><td>프로그램명</td><td colspan="6">나의 꽃(야생화) 정하기</td></tr>
<tr><td>기대효과</td><td colspan="2">• 주변에 관심 갖기
• 자연친화력 형성</td><td>차시</td><td>11</td><td>실시 장소</td><td>• 학교 숲
• 멀티미디어실</td></tr>
<tr><td>목표</td><td colspan="6">흙과 친해질 수 있는 기회를 갖고 자연과 교감할 수 있다.</td></tr>
<tr><td>지도내용</td><td colspan="6">• 학교 숲의 야생화 단지를 관찰하고 내가 가장 좋은 꽃 정하기
• 멀티미디어실에서 인터넷 검색으로 꽃 이름 알기</td></tr>
<tr><td>활동 과정</td><td>시간</td><td colspan="5">준비물</td></tr>
<tr><td>준비 활동</td><td>5분</td><td colspan="5">학교 숲에 있는 야생화 그림이 담긴 학습지, 필기구</td></tr>
<tr><td>진행 과정</td><td>45분</td><td colspan="5">1. 학교 숲에 있는 야생화 그림이 담긴 학습지를 주며 관찰 방법을 설명해 준다.
2. 학교 숲을 산책하며 우리 학교에 어떤 나무들이 있는지 관찰한다.
3. 3월 말에 꽃이 피는 나무를 관찰한다.
4. 새순이 움트는 나무들을 관찰하고 아름다움을 느껴 본다.
5. 야생화 중 가장 마음에 드는 것을 나의 꽃으로 정한다.
6. 충분한 관찰이 끝나면 멀티미디어실로 이동한다.
7. 2명씩 6조로 나누어 짝을 짓는다.</td></tr>
</table>

		8. 조별로 앉아 서로 조사한 것을 인터넷으로 검색한다. 9. 학습지에 꽃 이름을 적는다. 10. 각각 자기 꽃을 소개하고 그 꽃이 마음에 든 이유를 설명한다. 11. 자기 꽃을 관심 있게 살피고 1주일에 1번씩 물을 주도록 한다.
정리 과정	10분	• 학교 숲의 야생화 단지를 잘 관찰할 수 있는가? • 나의 야생화 이름을 알 수 있는가?

진행 시 유의점
• 흙과 친해질 수 있는 기회를 주고 자연과 교감할 수 있도록 한다. • 주변 사물에 대한 관심을 갖고 나의 것에 대한 뿌듯함을 느껴 보도록 한다.

참고문헌

강영택(2009). 특수교육대상학생의 진단·평가: 적응행동검사를 중심으로. 국립특수교육원.

박찬선, 장세희(2015). 경계선 지능을 가진 아이들. 이담북스.

서민정(2018). 경계선 지적 기능 아동의 부적응 행동 변화를 위한 미술치료 단일사례연구. 이화여자대학교 교육대학원 석사학위논문.

하봉선(2005). 원예요법이 중학교 학습부진아의 적응행동 및 정서적 안정에 미치는 영향. 동아대학교 교육대학원 석사학위논문.

Chapter 14

신체운동

초등학교 5학년인 ○○이는 운동 능력에서 어려움을 보인다. 줄넘기처럼 빠른 연속 동작을 수행할 때 실수가 잦고, 평균대에서 쉽게 균형을 잃는다. 체육 활동을 좋아하지만, 친구들보다 동작을 따라가기 어려워 점점 자신감을 잃고 있다.

또한 운동 중 주의가 쉽게 분산되어 목표 동작을 끝까지 수행하지 못하는 경우가 많다. 공 던지기 연습 중에도 주변 소음에 주의를 빼앗겨 실수가 잦다. 이러한 어려움으로 인해 체육 활동에 소극적인 태도를 보이며, 운동에 대한 흥미가 점차 감소하고 있다. 이에 담임선생님은 ○○이가 운동을 즐기고 자신감을 키울 수 있도록 다양한 방법을 고민하고 있다.

점검해 볼까요

경계선 지능 학생들은 신체운동 수행 능력 자체에 어려움을 겪기도 하지만 인지, 사회성 및 정서 영역의 복합적인 영향으로 인해 저조한 수행 능력을 보인다. 다음은 신체운동 수행 능력에 영향을 미칠 수 있는, 경계선 지능 학생들이 겪는 어려움이다. 경계선 지능 학생들의 주의집중, 방향 등의 지각, 규칙의 추론 등 인지적 어려움과 또래 친구들과의 사회적 관계에서의 어려움이 운동 수행에 영향을 줄 수 있음을 확인할 수 있다.

✦ 신체운동 관련 점검해 볼 수 있는 내용

과제를 할 때 주의집중 시간이 짧아요.

상하좌우 방향을 혼동해요.

또래 친구와 잘 어울리지 못해요.

과제를 시도해 보지 않고 포기해요.

알아볼까요

1. 운동 능력이란

1) 운동 능력이란 무엇인가요

운동 능력이란 신체를 조절하고 조화롭게 움직일 수 있는 능력을 의미하며, 근력, 협응력, 균형 감각, 민첩성, 지구력 등 다양한 요소로 구성된다. 인간의 발달 과정에서 운동 능력은 단순한 신체 활동 이상의 의미를 가지며, 인지적 · 정서적 발달 및 사회적 관계 형성에도 중요한 영향을 미친다. 일반적인 운동 능력은 크게 기본 운동 능력과 전문 운동 능력으로 구분된다.

- 기본 운동 능력: 걷기, 뛰기, 균형 잡기, 물건 잡기 등 신체의 기초적인 움직임
- 전문 운동 능력: 특정 스포츠 기술, 규칙에 따른 복합적 신체 움직임

2. 경계선 지능 학생의 운동 능력

1) 경계선 지능 학생의 운동 능력 특성

경계선 지능 아동의 경우, 운동 협응력과 신체 조절 능력이 부족하여 기본 운동 능력부터 발달을 촉진할 필요가 있다. 이를 위해 적절한 체육 활동과 신체 훈련이 요구된다. 경계선 지능 아동의 운동 능력 저하 요인은 다음과 같다.

① 운동 협응력 부족

단순한 움직임 수행은 가능하나, 빠른 속도로 움직이거나 연속적인 동작을 수행하는 데 어려움을 겪는다.

② 균형 감각 저하

한 발로 서기, 줄 위에서 걷기 등의 동작 수행이 일반 아동보다 낮은 수준을 보인다.

③ 근력 및 지구력 부족

장시간 운동을 지속하는 능력이 떨어지며, 피로를 쉽게 느낀다.

④ 주의집중력 문제

운동 중 목표 동작을 수행하는 동안 집중력이 흐트러질 가능성이 높다.

이러한 특성으로 인해 경계선 지능 아동들은 체육 활동에서 소외되거나 운동을 기피하는 경향이 있다. 따라서 체계적인 운동 프로그램을 통해 이들의 운동 능력을 향상시키는 것이 필요하다.

2) 경계선 지능 학생의 운동 능력에 영향을 미치는 다양한 요인

경계선 지능을 가진 학생들은 일반적으로 신체 활동을 수행하는 데 어려움을 겪을 수 있다. 이러한 어려움은 단순한 신체적 능력 부족이 아니라, 인지적 요인과 사회·정서적 요인의 복합적인 영향을 받는다. 따라서 경계선 지능 학생들이 체육 활동에서 겪는 어려움을 이해하고 적절한 지원 전략을 마련하는 것이 중요하다.

(1) 인지적 요인

경계선 지능 학생들은 운동 수행에서 필요한 인지적 기능이 부족하거나 비효율적으로 작동하는 경우가 많다. 다음은 주요 인지적 요인들이다.

① 주의집중력 부족

운동을 할 때 목표 동작을 수행하는 동안 주의집중력이 요구된다. 하지만 경계선 지능 학생들은 주의집중 시간이 짧고, 외부 자극에 쉽게 산만해진다. 예를 들어, 줄넘기나 공 던지기와 같은 활동을 할 때, 친구들의 소리나 주변 환경의 변화에 쉽게 영향을 받아 동작을 중단하거나 실수를 반복할 수 있다.

② 방향 감각 및 공간 지각 능력 부족

운동 중 자신의 몸이 공간에서 어떻게 움직이는지를 인식하는 능력이 부족할 수 있다. 예를 들어, 달리기나 장애물 피하기 같은 활동에서 방향을 혼동하거나, 평균대 걷기처럼 균형을 유지해야 하는 운동에서 어려움을 보일 수 있다. 이러한 문제로 인해 친구들과 함께하는 단체 운동에서도 동작을 따라가지 못하고 뒤처지는 경우가 많다.

③ 운동 순서 기억의 어려움

운동을 수행할 때는 여러 단계의 동작을 순차적으로 기억하고 실행해야 한다. 하지만 경계선 지능 학생들은 이러한 절차적 기억이 약하여, 동작을 빠르게 잊거나 순서를 잘못 수행하는 경우가 많다. 예를 들어, 체육 시간에 '공 받기 → 드리블 → 슛'과 같은 연속 동작을 배울 때, 전체 흐름을 이해하는 데 시간이 오래 걸리고 실수를 반복할 수 있다.

④ 규칙 이해의 어려움

운동이나 놀이에서는 규칙을 따르는 것이 필수적이다. 하지만 경계선 지능 학생들은 규칙을 이해하는 속도가 느리고, 적용하는 데 어려움을 겪는다. 예를 들어, 축구 경기에서 핸들링 금지 규칙을 이해하지 못하거나 어려워할 수 있다. 이로 인해 친구들과의 운동 참여가 원활하지 않을 수 있다.

(2) 사회·정서적 요인

경계선 지능 학생들은 신체 활동뿐만 아니라 또래 관계에서 오는 사회 · 정서적 어려움으로 인해 운동 수행에 영향을 받을 수 있다.

① 또래 관계에서의 어려움

경계선 지능 학생들은 또래 친구들과의 관계를 형성하는 데 어려움을 겪을 수 있다. 체육 활동은 협력과 경쟁이 중요한 역할을 하지만, 친구들과의 관계에서 위축되거나 소외되는 경험을 할 가능성이 높다. 예를 들어, 단체 운동에서 팀워크가 필요한 상황에서 적절한 역할을 수행하지 못하거나, 친구들이 빠르게 움직이는 속도를 맞추지 못해 소외될 수 있다.

② 운동 실패 경험이 주는 낮은 동기와 회피 행동

운동에서 성공 경험이 부족하기 때문에 점점 도전하려는 동기가 감소할 수 있다. 체육 활동에서 어려움을 겪는 경험이 누적되면, 운동을 피하려 하거나 체육 시간이 부담스럽게 느껴질 수 있다. 예를 들어, 체육 시간에 참여하지 않으려고 꾀병을 부리거나, 운동보다는 혼자 있는 시간을 선호하는 경향이 나타날 수 있다.

③ 감정 조절의 어려움

경계선 지능 학생들은 감정을 조절하는 능력이 부족하여 운동 중 쉽게 좌절하거나 흥분하는 모습을 보일 수 있다. 예를 들어, 경기에서 실수를 했을 때 이를 받아들이지 못하고 화를 내거나, 친구가 지적했을 때 강한 스트레스를 받는 경우가 많다. 이러한 감정 조절의 어려움은 또래 친구들과의 관계를 더욱 어렵게 만들 수 있다.

3) 경계선 지능 학생의 운동 능력 발달과 신체 활동의 필요성

운동 능력의 발달은 단순히 신체 기능의 향상뿐만 아니라, 인지 발달, 정서 조절, 사회성 향상에도 긍정적인 영향을 미친다. 따라서 경계선 지능 아동에게 맞춤형 운동 프로그램을 제공하는 것이 필요하며, 적절한 운동 환경과 지도 방법이 고려되어야 한다.

① 인지 기능 향상

신체 활동은 작업 기억과 실행 기능을 자극하여 학습 능력을 증진시킨다.

② 정서적 안정감 제공

운동은 스트레스 해소 및 자아존중감 향상에 도움을 주며, 불안과 우울감을 완화시킨다.

③ 사회성 증진

팀 스포츠 및 협동 운동은 또래와의 관계 형성 및 사회적 기술 습득을 돕는다.

적용해 볼까요

구체적인 중재 및 지도 방법

경계선 지능의 운동 능력 증진에 도움이 될 수 있는 구체적인 교육 지원을 소개하고자 한다.

1) 기본적인 신체 조절 능력 향상

경계선 지능 아동은 근력과 균형 감각이 부족하며, 신체를 유연하게 조절하는 능력이 미숙한 경우가 많다. 따라서 운동 프로그램은 기본적인 신체 조절 능력을 향상시키는 활동부터 시작해야 한다. 예를 들어, 한 발로 서 있는 동작을 연습하거나(정적 협응력 훈련), 매트 위에서 균형을 유지하는 활동을 단계적으로 실시할 수 있다.

이때 운동의 난이도를 조절하는 것이 중요하다. 처음에는 벽을 잡고 한 발로 서는 연습을 한 후, 익숙해지면 손을 떼고 균형을 잡도록 유도한다. 수중 운동을 활용할 경우, 부유기구를 잡고 균형을 유지하는 연습을 통해 신체 조절 능력을 높일 수 있다. 균형을 유지하는 시간이 늘어날수록 아동의 운동 협응력이 향상되며, 점진적으로 스텝 밟기나 줄넘기와 같은 동적인 움직임을 추가하는 것이 효과적이다.

2) 운동 협응력 향상을 위한 동작 훈련

운동 협응력이 부족한 경계선 지능 아동은 신체의 다양한 부위를 동시에 활용하는 동작을 어려워하는 경우가 많다. 따라서 초기에는 단순한 움직임을 반복적으로 연습하고, 점차 복합적인 동작으로 확장하는 과정이 필요하다. 예를 들어, 줄넘기 운동을 할 때 처음에는 발을 번갈아 가며 천천히 뛰는 연습을 한 후, 점차 빠른 속도로 줄넘기를 진행할 수 있다.

이와 함께 협응력을 향상시키기 위해 공 주고받기와 같은 활동을 활용할 수 있다. 초기에는 큰 공을 사용하여 천천히 던지고 받는 연습을 한 후, 공의 크기를 줄이거나 속도를 높이는 방식으로 난이도를 조절할 수 있다. 특히 수중 운동에서는 공을 던지고 받는 과정에서 물의 저항을 활용하여 운동 효과를 극대화할 수 있다.

3) 운동 과제 수행 능력 증진을 위한 반복 훈련

운동 과제 수행 능력은 신체의 협응력뿐만 아니라 집중력과 실행 기능도 함께 요구되는 영역이다. 경계선 지능 아동들은 신체 활동 중 주의가 쉽게 분산될 수 있기 때문에, 하나의 운동을 지속적으로 반복하며 익숙해지는 과정이 필요하다. 예를 들어, 매트 위에서 앞구르기와 뒤구르기를 연습할 때 처음에는 천천히 진행하고, 익숙해지면 연속적인 동작을 수행하도록 유도할 수 있다.

이때, 성공 경험을 강조하는 것이 중요하다. 아동이 한 번이라도 동작을 정확하게 수행했다면, 이를 즉각적으로 칭찬하고 긍정적인 피드백을 제공하여 운동에 대한 동기를 높여야 한다. "너무 잘했어! 이번에는 조금 더 빠르게 해 볼까?"와 같이 구체적인 피드백을 제공하면 아동이 점진적으로 향상되는 자신의 능력을 인식하는 데 도움이 된다.

4) 사회성 발달을 위한 협동 운동 제공

운동 능력 향상은 단순한 신체 발달뿐만 아니라 사회적 기술 습득에도 중요한 역할을 한다. 경계선 지능 아동들은 또래와의 관계 형성에서 어려움을 겪는 경우가 많으므로, 협동적인 운동 활동을 통해 사회성을 기를 수 있도록 해야 한다.

협동 운동으로는 팀워크가 필요한 신체 활동이 효과적이다. 예를 들어, 두 명이 함께하는 줄넘기, 팀을 나누어 진행하는 공 놀이, 짝을 이루어 균형을 맞추는 활동 등을 활용할 수 있다. 이러한 운동은 단순한 신체 활동을 넘어, 또래와의 상호작용을 자연스럽게 유도할 수 있는 기회를 제공한다. 수중 운동 프로그램에서도 그룹별로 공을 주고받거나 협력하여 물속에서 균형을 유지하는 활동을 포함하면 사회적 기술을 익히는 데 도움이 된다.

5) 긍정적인 운동 경험 제공

경계선 지능 아동은 운동 수행 중 실패 경험이 반복되면 쉽게 위축되거나 동기 저하를 경험할 수 있다. 따라서 운동 프로그램을 운영할 때는 긍정적인 피드백을 적극적으로 제공하고, 아동이 부담 없이 즐길 수 있는 환경을 조성하는 것이 필수적이다.

특히 강사나 학부모는 운동의 성과보다 과정 자체를 강조해야 한다. 예를 들어, "네가 열심히 노력하는 모습이 정말 멋져!"와 같이 아동이 최선을 다하는 과정 자체를 칭찬하는 것이 효과적이다. 또한 운동 후 아동이 직접 자신의 성취를 이야기할 수 있도록 유도하면 자기효능감을 높이는 데 도움이 된다.

교사와 학부모를 위한 팁

① 쉬운 동작부터 단계적으로 지도하기
② 작은 성공 경험을 통해 자신감 키우기
③ 협동 활동으로 사회성 기르기
④ 꾸준한 연습으로 장기적인 변화 이끌기
⑤ 운동을 즐거운 경험으로 만들기

프로그램 소개

매트운동 프로그램이 경계선 지능 학생의 협응 능력 및 정서 · 행동 발달에 미치는 영향

1) 프로그램 개관

항목	내용
프로그램 목표	• 운동 협응력 향상: 정적 협응, 동적 협응, 동시적 자발 동작 능력 증진 • 정서 · 행동 발달: 또래와의 상호작용, 학교에서의 안정감, 성취동기 증진 • 신체 활동을 통한 자신감 향상 • 규칙적인 운동 습관 형성
프로그램 구성 및 진행방식	• 대상: 경계선 지능 아동 • 기간: 12주(주 3회 진행) • 회기당 시간: 약 50~60분 • 구성: 준비운동 → 본운동(매트운동) → 정리운동 • 활용 도구: 매트, 소도구(공, 밴드 등)
프로그램 운영 시 유의사항	1) 매트운동을 처음 접하는 아동은 불안감을 느낄 수 있으므로 천천히 쉬운 난이도부터 시작해야 한다. 2) 또래와 함께하는 활동을 통해 사회성 발달 기회를 제공해야 한다. 3) 정서적 안정감을 고려하여 지도하며, 성공 경험을 쌓도록 유도해야 한다. 4) 개별 아동의 특성과 수준을 고려하여 맞춤형 피드백을 제공한다. 5) 학부모 및 강사는 아이들의 운동 참여 동기를 높일 수 있도록 격려해야 한다.
프로그램 효과성	• 연구 결과, 매트운동 프로그램이 경계선 지능 아동의 운동 능력 향상에 도움이 되는 것으로 나타났다. 12주 동안 매트운동을 진행한 아이들은 운동 전보다 협응 능력 점수가 크게 올라갔고, 운동을 하지 않은 아이들과 비교했을 때 차이가 통계적으로 유의미하였다. • 특히 앞구르기, 뒤구르기, 옆돌기, 친구와 공 주고받기 같은 다양한 매트운동 활동은 아이들이 몸을 더 잘 쓰고 조절할 수 있도록 도왔다. • 이는 선행 연구들에서도 확인된 바 있다. 예를 들어, 일정한 운동이

	초등학생의 협응 능력을 키워 준다는 연구나, 줄넘기 운동이 발달이 느린 아이들에게 효과가 있다는 결과도 있었다. • 즉, 매트운동은 재미있게 놀면서 경계선 지능 학생들의 신체 능력을 자연스럽게 길러 주는 좋은 방법이다.

2) 프로그램 회기별 주제

단계	매트운동 프로그램 내용	운동 영역	단계	매트운동 프로그램 내용	운동 영역
1	준비운동 및 스트레칭	유연성	2	옆으로 구르기	동적운동
	제자리 점프	기초운동		매트 위에서 닭싸움	동적협응
	천천히 뒤로 걷기	기초운동		매트에서 밀어내기	정적협응
	누워 팔다리 뻗어흔들기	기초운동		친구 다리 사이 기기	동적운동
	10m 왕복 달리기	기초운동		제자리 점프하며 90도, 180도 회전하기	동적운동
	스키핑 하면서 이동	기초운동		인간 터널 통과하기	동적운동
	스텝홉 하면서 이동	기초운동		외발 뛰어 이동하기	동적운동
	사이드 스텝	동적운동		외발 서기	정적협응
	동물처럼 기기	기초운동		개구리 점프하기	동적운동

단계	매트운동 프로그램 내용	운동 영역
3	모둠발로 점프하여 친구 등넘기	동적협응
	매트에서 제자리멀리뛰기	동시적 자발동작
	친구의 양다리 잡고 앞으로 나아가기	동시적 자발동작
	친구와 통맹볼 주고받으며 이동하기	동적협응
	앞구르기	동적협응
	뒤구르기	동적협응
	다리 벌려 앞구르기	동적협응
	다리 벌려 뒤구르기	동적협응

참고문헌

김태은, 오상철, 노원경, 강옥려, 이민선, 김호영(2020). 느린 학습자 선별을 위한 체크리스트 개발 (연구보고 RRI 2020-1). 한국교육과정평가원.

송지환, 김중형(2017). 매트운동프로그램이 경계선 지능아의 협응능력 및 정서행동 발달에 미치는 영향. 한국체육교육학회지, 22(2), 99-108.

Bauer, J., Kammermeier, H., Schwiertz, G., & Muehlbauer, T. (2021). Comparison of lower and upper quarter Y balance test performance in adolescent students with borderline intellectual functioning compared to age-and sex-matched controls. *Children, 8*(9), 805.

Curtis, C. K., & Shaver, J. P. (1980). Slow Learners and the Study of Contemporary Problems. *Social Education, 44*(4), 302-9.

Drew, C. J., & Hardman, M. J. (2000). *Mental Retardation: A Life Cycle Approach.* Pearson Education.

Finn, B., & Roediger III, H. L. (2011). Enhancing retention through reconsolidation: Negative emotional arousal following retrieval enhances later recall. *Psychological science, 22*(6), 781-786.

Hartman, E., Smith, J., Houwen, S., & Visscher, C. (2017). Skill-related physical fitness versus aerobic fitness as a predictor of executive functioning in children with intellectual disabilities or borderline intellectual functioning. *Research in Developmental Disabilities, 64*, 1-11.

Kim, W. K., Im, I. J., & Choi, P. I. (2006). Effects of stretching exercises on flexibility, balance, and task persistence time in mentally retarded children. *Journal of Intellectual and Developmental Disabilities, 8*(2), 157-182.

Chapter 15

진로 직업

중학교 2학년 ○○의 부모님은 요즘 걱정이 많다. ○○가 자신의 진로에 대해 관심을 가지지 못하고, 진로와 관련된 활동에도 적극적으로 참여하지 않기 때문이다. 학교에서 진로 탐색 과제가 주어질 때 쉽게 포기하거나 흥미를 보이지 않으며, 진로 관련 수업에서도 집중력이 떨어지고 참여도가 낮다.

수업 시간에 진로와 관련된 정보를 접할 때도 스스로 탐색하기보다는 친구들에게 의존하거나 피드백을 기다리는 경우가 많다. 직업에 대한 자료를 읽고도 핵심을 파악하는 데 어려움을 느끼며, 자신의 적성과 연결하는 과정에서 혼란스러워한다. 이는 진로에 대한 자기주도적 탐색 능력이 부족하고, 미래에 대한 목표 의식이 명확하지 않기 때문이다.

○○와 이야기해 보니, "어떤 직업이 나에게 맞는지 모르겠고, 왜 진로를 고민해야 하는지도 잘 모르겠다."라며 미래에 대한 관심과 목표 설정에 어려움을 느끼고 있었다.

점검해 볼까요

경계선 지능 학생들은 자신의 흥미나 적성에 맞는 직업을 탐색하거나, 진로 목표를 설정하고 준비하는 과정에서 어려움을 겪는 특성이 있다. 경계선 지능 학생은 직업에 대한 정보를 이해하고 비교하는 데 어려움을 보이며, 진로와 관련된 의사결정을 내릴 때 체계적으로 판단하거나 계획을 세우는 데 한계를 가질 수 있음을 확인할 수 있다.

✦ 진로 직업 관련 점검해 볼 수 있는 내용

내가 하고 있는 공부 또는 일에 대해 구체적으로 설명하기 어려워요.

직장에서 지켜야 할 예절을 잘 몰라요.

직업과 관련된 경험을 쌓기 위한 정보를 찾을 수 없어요.

수업 시간에 맞는 생활 습관을 기르기 어려워요.

알아볼까요

1. 진로 역량이란

1) 진로 역량이란 무엇인가요

진로 역량이란, 개인이 자신의 인지적 · 행동적 · 정서적 특성을 이해하고, 이를 바탕으로 현실적인 맥락을 고려하여 자신에게 가장 적합한 진로를 선택할 수 있는 능력을 말한다. 이는 크게 자기이해, 진로 탐색, 진로 의사결정 세 가지 영역으로 나눌 수 있다.

먼저, 자기이해는 자신의 성향, 강점, 약점, 흥미 등을 깊이 있게 파악하는 능력으로 진로 선택은 단순히 인기 있는 직업을 따라가는 것이 아니라, 자신에게 적합한 길을 찾는 과정이므로, 스스로에 대한 이해가 필수적이다. 예를 들어, '나는 어떤 활동을 할 때 즐거움을 느끼는가?' '나의 강점은 무엇인가?'와 같은 질문에 답할 수 있는 능력이 자기이해에 해당한다.

다음으로, 진로 탐색은 다양한 직업과 진로 기회를 조사하고, 자신의 특성과 연결할 수 있는 능력이다. 단순히 직업의 종류를 외우는 것이 아니라, 직업의 역할과 요구되는 역량을 이해하고, 현실적인 선택지를 고려하는 과정이 포함된다. 예를 들어, '이 직업은 어떤 일을 하는가?' '이 직업을 가지려면 어떤 역량이 필요한가?'와 같은 질문을 스스로 찾아보고 답하는 것이 이에 해당한다.

마지막으로, 진로 의사결정은 수집한 정보를 바탕으로 자신의 목표를 설정하고, 필요한 준비를 계획하는 능력이다. 단순히 직업을 선택하는 것이 아니라, 변화하는 환경 속에서 자신의 역량을 지속적으로 발전시키며, 유연하게 미래를 설계하는 것이 중요하다. 예를 들어, '이 직업을 위해 지금부터 어떤 준비를 해야 하는가?' '나의 강점을 어떻게 활용할 수 있을까?'와 같은 질문에 대한 답을 찾는 과정이 진로 의사결정에 해당한다.

이처럼, 진로 역량은 단순히 직업을 찾는 것이 아니라, 자신을 이해하고(자기이해), 다양한 선택지를 탐색하며(진로 탐색), 자신의 미래를 주도적으로 결정하는(진로 의사결정) 복합적인 과정으로 이루어진다. 따라서 진로 역량을 키우기 위해서는 이 세 가지 요소를 균형 있게 발전시키는 것이 중요하다.

2) 진로 역량은 왜 중요할까요

진로 역량은 단순히 직업을 선택하는 능력이 아니라, 변화하는 환경 속에서 자신의 길을 찾고 성장하는 데 필요한 핵심 요소이다. 자신의 강점을 기반으로 하되, 시대의 변화에 따라 새롭게 요구되는 다양한 역할에 관심을 기울이며, 스스로 역량을 계발하고 자신이 빛날 수 있는 분야를 찾아 위치를 잡는 진로 역량은 앞으로 더욱 중요해질 것이다.

먼저, 변화 대응력은 빠르게 변화하는 사회에서 자신의 진로를 유연하게 조정하는 능력이다. 과거에는 한 직업을 평생 유지하는 경우가 많았지만, 오늘날에는 기술 발전과 산업 변화로 새로운 직업이 계속 등장하고 있다. 따라서 특정 직업에만 집중하기보다, 스스로 배우고 변화에 적응하는 것이 필요하다.

다음으로, 직업 적응력은 직업을 선택한 이후에도 성장하고 발전하는 능력이다. 일하면서 새로운 기술을 익히고, 변화하는 환경에 맞춰 역할을 확장하는 과정이 포함된다. 예를 들어, 회사에서 새로운 프로젝트를 맡게 되었을 때 적극적으로 배우는 자세가 이에 해당한다.

또한 자기계발은 원하는 목표를 위해 지속적으로 노력하는 과정이다. 단순히 직업을 갖는 것이 끝이 아니라 더 나은 기회를 찾고 자신의 가능성을 확장하는 것이 중요하다. 필요한 자격증을 취득하거나 새로운 기술을 배우는 것이 이에 해당한다.

마지막으로, 삶의 만족도는 자신의 흥미와 강점을 살려 만족감을 느낄 수 있는 일을 찾는 것과 관련이 있다. 단순히 돈을 많이 버는 직업이 아니라 보람을 느낄 수 있는 일을 선택하는 것이 중요하다.

이처럼, 진로 직업 역량은 변화하는 환경에서 자신의 길을 개척하고(변화 대응력), 직업을 통해 성장하며(직업 적응력), 지속적으로 발전하고(자기계발), 만족스러운 삶을 살아가는(삶의 만족도) 과정과 연결된다. 따라서 진로 역량을 키우는 것은 더 나은 미래를 준비하는 중요한 과정이다.

2. 경계선 지능 학생의 진로 역량

1) 경계선 지능 학생의 진로 역량의 특징은 무엇인가요

경계선 지능 학생들은 일반적인 지적 능력 범주에 속하지만, 학습과 적응에서 어려움을 겪으며 진로 탐색과 직업 준비 과정에서도 도전에 직면한다. 특히 진로 성숙도의 측면에서 보면 자기이해, 진로 탐색, 진로 의사결정 과정에서 어려움을 경험하는 경우가 많다.

우선, 자기이해가 부족하여 자신의 흥미나 강점을 명확하게 인식하지 못하는 경향이 있다. 이는 현실적인 직업 선택이 어렵고 비현실적인 기대를 갖게 하며, 학업적 실패 경험으로 인해 자기효능감이 낮아진다. 따라서 맞춤형 진로 검사나 직업 체험 활동을 통해 구체적인 경험을 제공하는 것이 필요하다.

진로 탐색 과정에서도 정보 탐색과 비교 · 분석이 미숙하여 어려움을 겪는다. 직업의 특성과 요구되는 역량을 이해하는 데 시간이 오래 걸리며, 제한된 직업군만 고려하는 경우가 많다. 이를 보완하기 위해서는 시각적 자료와 실습 중심의 진로 교육을 통해 직접 경험할 기회를 제공해야 한다.

진로 의사결정 과정에서도 선택을 회피하거나 쉽게 번복하는 경향이 있다. 논리적 사고와 문제 해결 능력이 부족하여 결정을 내리는 데 어려움을 느끼며, 단기적인 보상에 집중하는 모습을 보인다. 따라서 단계별 의사결정 훈련을 통해 독립적인 진로 결정을 내릴 수 있도록 지원해야 한다.

이처럼 경계선 지능 학생들은 진로 성숙도의 핵심 요소인 자기이해, 진로 탐색, 진로 의사결정 과정에서 어려움을 경험하며, 이를 해결하기 위한 맞춤형 지원이 필요하다. 구체적인 경험을 제공하고, 실습 중심의 교육과 단계별 의사결정 훈련을 병행한다면 보다 독립적인 진로 선택이 가능할 것이다.

적용해 볼까요

구체적인 중재 및 지도 방법

경계선 지능 학생들은 진로 성숙도 측면에서 자기이해, 진로 탐색, 진로 의사결정 과정에서 어려움을 겪는다. 따라서 이들의 특성을 고려한 효과적인 중재가 필요하며, 자기이해 지도, 진로 프로그램 체험, 단계별 의사결정 훈련을 통해 지원할 수 있다.

1) 자기이해를 돕는 개별화 지도

경계선 지능 학생들은 자신의 흥미와 강점을 명확히 파악하는 데 어려움을 겪기 때문에, 구체적인 경험과 반복적인 피드백이 필요하다. 진로 적성 검사와 흥미 검사를 활용하여 객관적인 데이터를 제공하고, 검사 결과를 시각적으로 표현해 학생이 쉽게 이해할 수 있도록 돕는다. 또한 포트폴리오를 제작해 학생의 강점, 경험, 관심 직업을 정리하는 과정에서 자기이해를 확장하도록 유도한다. 작은 성취라도 구체적으로 칭찬하여 자기효능감을 높이는 것도 중요하다.

2) 체험 중심 진로 프로그램 활용

진로 탐색과 직업 이해를 돕기 위해서는 단순한 설명보다 직접적인 체험이 효과적이다. 다양한 직업을 경험할 수 있도록 직업 체험 프로그램을 운영하며, 가상 면접, 역할극, 모의 직업 수행 등을 통해 실질적인 직무를 접할 기회를 제공해야 한다. 예를 들어, '학교 내 진로 체험의 날'을 운영하여 요리사, 과학자, 디자이너 등 다양한 직업을 직접 수행해 보도록 할 수 있다. 또한 멘토링과 직업인 초청 강연을 통해 현실적인 직업 이야기를 듣고 동기를 부여하는 것도 도움이 된다.

3) 단계별 의사결정 훈련 제공

경계선 지능 학생들은 선택을 회피하거나 쉽게 번복하는 경향이 있으므로, 단계별 의사결정 훈련이 필요하다. '선택-비교-결정' 전략을 적용하여 여러 직업을 비교하는 연습을 제공하고, 선택한 직업에 대한 장단점을 분석하도록 지도한다. 또한 직업 선택과 관련된 보드게임이나 시뮬레이션 활동을 활용해 의사결정을 연습하게 하면 효과적이다. 장기적인 목표 설정이 어려운 경우, '다음 주까지 관심 있는 직업 3개 조사하기'처럼 단기적인 목표를 설정하고 이를 실행하는 경험을 반복하도록 돕는 것이 중요하다.

교사와 학부모를 위한 팁

① 자기이해를 돕는 개별화된 지도하기

② 체험 중심의 진로 프로그램 활용하기

③ 단계별 의사결정 훈련 제공하기

④ 직업인 초청 강연 및 인터뷰 활동 참여하기

⑤ 진로 역할극 및 상황 모의 활동 진행하기

프로그램 소개

대표 프로그램 내용

학습부진 학생을 위한 진로 탐색 프로그램이 진로 의사결정에 미치는 효과

1) 프로그램 개관

항목	내용
주요 활동 및 학습 방법	이 연구의 프로그램은 자신의 성향을 이해하고, 가치관에 맞는 직업을 탐색하며, 진로 의사결정 능력을 키울 수 있도록 구성되었다. Holland 진로 탐색 검사와 자기개념화 작업(LCA, RIASEC 익히기)을 통해 자기이해를 돕고, '가치관 경매' 활동을 활용해 직업 선택과 가치관의 관계를 탐색하도록 했다. 또한 의사결정 유형별 활동을 경험할 수 있도록 구성하여 학생들이 자신에게 맞는 진로 선택 방법을 익히게 했다.
프로그램 실행 절차	• 사전검사: 진로 의사결정 유형 검사, 진로 의사결정 검사 • 진로 탐색 프로그램 적용: Holland의 진로 탐색 프로그램 실시 • 사후, 추후검사 실시: 프로그램 적용 후 효과성 분석
프로그램 개요	이 연구는 Holland의 진로 탐색 검사를 기반으로 한 집단 프로그램이 학습부진 고등학생들의 진로 의사결정에 미치는 영향을 조사하기 위해 진행되었다. 연구 대상은 경남 창원의 한 고등학교 1학년 학생들 중 반 편성 배치고사 성적이 하위 33%에 속하는 학생들로, 프로그램 참여 희망자를 모집하여 150명 중 30명을 선정했다. 한 그룹(프로그램 참여 그룹)에는 주 1회 90분씩 총 8회기의 진로 탐색 집단 프로그램을 진행했고, 다른 그룹(일반 수업 그룹)에는 별다른 교육을 실시하지 않았다. 연구는 사전검사, 프로그램 운영, 사후검사, 추후검사 단계로 진행되었으며, 진로 탐색 검사, 진로 의사결정 유형 검사, 진로 의사결정 수준 검사를 활용하여 변화를 측정했다. 사후검사는 프로그램 종료 직후, 추후검사는 프로그램 종료 후 30일 뒤에 실시하여 효과의 지속성을 확인하였다.
프로그램 기간	총 8회기(주 1회, 90분)
프로그램 대상자	학습부진 고등학교 1학년 15명

진행자	연구자(1인)
진행방법	학생들에게 Holland 진로 탐색 검사, 진로 의사결정 유형 검사, 진로 의사결정 수준 검사를 실시한다. Holland 진로 탐색 프로그램 참여 그룹은 1주일에 한 번, 90분씩 총 8회에 걸쳐 진로 탐색 프로그램을 진행하며, 프로그램이 끝난 직후, 그리고 30일 후에도 같은 검사를 진행하여 프로그램의 효과가 지속되는지 확인한다.
연구 결과 및 효과	• 합리적 의사결정: 유의하게 상승했으나, 추후 시점에서는 효과가 감소하여 두 집단 간 차이가 통계적으로 유의하지 않다. • 의존적 의사결정: 프로그램 직후에는 두 집단 간 유의한 차이가 없었지만, 추후 시점에서는 실험 집단이 통제 집단보다 유의하게 낮은 점수를 보인다. • 직관적 의사결정: 프로그램의 효과가 통계적으로 유의하지 않다. • 진로 의사결정 수준: 프로그램 실시 직후뿐만 아니라 추후 시점에서도 실험 집단이 통제 집단보다 유의하게 높은 점수를 보인다.

2) 프로그램 회기별 주제

회기	과정	제목	목표 및 내용	
1	도입	자기이해	목표	자기이해와 집단원 간 이해를 바탕으로 신뢰감을 촉진시킨다.
			내용	• 별칭 짓기 • 서약서 쓰기 • 자기소개하기 • '내 삶이 지금 같다면…….'
2		진로 탐색 검사	목표	자신의 성격을 객관적으로 파악한다.
			내용	• Holland 진로 탐색 검사 실시하기 • RIASEC 프로파일 해석 및 유형 설명하기
3	LCA 및 RIASEC 익히기	Holland 그룹 작업하기 유형 익히기	목표	장점을 RIASEC으로 분류하여 그룹 작업을 한다.
			내용	• 활동 홍미, 성격, 능력, 직업, 홍미, 신체의 장점 파악하기 • RIASEC으로 직업 분류하기

<table>
<tr><td rowspan="2">4</td><td rowspan="6"></td><td rowspan="2">자기가치관 이해</td><td>목표</td><td>자신의 가치관을 이해한다.</td></tr>
<tr><td>내용</td><td>• 가치관 경매 활동하기
• 소감 발표하기</td></tr>
<tr><td rowspan="2">5</td><td rowspan="2">자기 살펴보기</td><td>목표</td><td>프로그램을 통해 자신의 생애 그래프 그려 보기, 생애 장애물을 적어 보고 이해한다.</td></tr>
<tr><td>내용</td><td>• 생애 그래프 그려 보기
• 장애물 적어 보기
• 소감문 발표하기</td></tr>
<tr><td rowspan="2">6</td><td rowspan="2">진로 의사결정 익히기</td><td>목표</td><td>진로에 따른 의사결정을 이해한다.</td></tr>
<tr><td>내용</td><td>• 의사결정 과정 익히기
• 프로그램에 따른 합리적 의사결정 과정 연습하기</td></tr>
<tr><td rowspan="4">7</td><td rowspan="6">직업 찾기</td><td rowspan="2">간편 진로코드 분류표 직업사전으로 직업목록 찾기</td><td>목표</td><td>진로코드별 직업목록표를 작성한다.</td></tr>
<tr><td>내용</td><td>• 진로유형코드와 일치하는 직업 찾기
• 만족도에 따라 O/× 표시하기</td></tr>
<tr><td rowspan="2">인터넷으로 직업 찾기</td><td>목표</td><td>직업을 구체화한다.</td></tr>
<tr><td>내용</td><td>• 직업의 성격, 흥미, 주된 활동, 경제적 소득 알기
• 직업 순위 결정하기</td></tr>
<tr><td rowspan="2">과제</td><td rowspan="2">직업 간접 체험하기!</td><td>목표</td><td>직업 간접 체험을 한다.</td></tr>
<tr><td>내용</td><td>인터넷에 따른 직업인을 간접 체험하기</td></tr>
<tr><td rowspan="2">8</td><td rowspan="2">진로 결정</td><td rowspan="2">진로결정하기
소감 나누기
수료증 수여받기</td><td>목표</td><td>진로결정 및 진로계획 확립하기</td></tr>
<tr><td>내용</td><td>진로 의사결정 검사, 진로결정하기, 소감 나누기, 수료증 수여받기</td></tr>
</table>

3) 1회기 지도안 및 활동지

<table>
<tr><td>대상</td><td>1학년</td><td>장소</td><td>영어실</td><td colspan="2">시간</td><td colspan="2">90분</td></tr>
<tr><td>제목</td><td colspan="2">가치관 이해하기</td><td>과정</td><td colspan="2">가치관 이해 및 정립</td><td>차시</td><td>4</td></tr>
<tr><td>목표</td><td colspan="7">• 가치관을 이해하고 정립한다.
• 가치관을 이해하고 자신의 직업에 적용한다.</td></tr>
<tr><td rowspan="2">학습 자료</td><td>교사</td><td colspan="3">학생용 활동지, RIASEC 자료, PPT 자료</td><td rowspan="2">수업 형태</td><td colspan="2" rowspan="2">집단 상담</td></tr>
<tr><td>학생</td><td colspan="3">필기구</td></tr>
<tr><td>지도 과정</td><td colspan="4">활동 내용</td><td>시간(분)</td><td colspan="2">유의점</td></tr>
<tr><td>도입</td><td colspan="4">• 인사
• 동기 유발
– 직업과 관련하여 가질 수 있는 가치관이 무엇인지 문답식으로 얘기해 본다.</td><td>10분</td><td colspan="2"></td></tr>
<tr><td>전개</td><td colspan="4">• 지난 시간 설명한 Holland에 대해 설명을 한다.
• 가치관의 종류에 대해 설명한다.
• 가치관 경매 활동을 통해서 게임을 진행한다.
• 조별로 가치관 경매 활동에서 가지고 갈 수 없었던 가치관에 대한 의미를 나누도록 한다.
• 꼭 가지고 싶은 가치관을 나눌 수 있도록 한다.</td><td>70분</td><td colspan="2">게임을 통해 가치관에 흥미롭게 다가간다.</td></tr>
<tr><td>정리</td><td colspan="4">• 경험 보고서 작성
• 지금 나의 느낌에 대해 발표하기</td><td>10분</td><td colspan="2"></td></tr>
</table>

<학생 활동지> 진로 가치관 경매

직업 가치관 목록	구입 계획		경매 결과	
	구입 여부	구입 가격	구입한 사람	구입 가격
1. 흥미나 적성에 잘 맞는 직업				
2. 사회적 지위(명예, 인기)가 높은 직업				
3. 어려운 사람들을 도울 수 있는 직업				
4. 경제적 보수가 많은 직업				
5. 좋은 환경에서 일할 수 있는 직업 (좋은 동료 관계를 포함)				

6. 많은 성취감을 얻을 수 있는 직업				
7. 자기계발을 많이 할 수 있는 직업				
8. 실직의 위험이 적어 안정적인 직업				
9. 여가를 활용한 시간이 충분한 직업				
10. 남의 간섭을 받지 않을 수 있는 직업				

가치관 경매 결과

내가 산 직업 가치 번호와 그것을 산 이유는?	이유: 이유:
사지는 못했지만 꼭 사고 싶었던 직업 가치들, 왜 사고 싶었나?	이유: 이유:
부모님이 경매에 참여했다면 어떤 직업 가치들을 사셨을까? 이에 대한 나의 생각은?	이유: 이유:

참고문헌

김나라, 정진철(2009). 호주 초 · 중등교육 정규교과에서의 진로교육 내용 분석. 비교교육연구, 19(1), 211-240.

이영대, 한상근, 최동선, 정윤경(2007). 직업체험프로그램 운영 매뉴얼. 한국직업능력개발원.

전종희(2014). 일반계 고등학생의 진로 직업역량, 학교진로교육여건, 진로가치와 진로준비행동 간의 영향관계. 청소년학연구, 21(7), 1-25.

정복순(2012). 학습부진 학생을 위한 진로탐색 프로그램이 진로의사결정에 미치는 효과. 신라대학교 교육대학원 석사학위논문.

저자소개

김동일(KIM, DONGIL)

서울대학교 사범대학 교육학과 교육상담전공 교수 및 서울대학교 대학원 특수교육전공 주임교수, 장애학생지원센터 상담교수, 서울대 특수교육연구소 소장, 서울대학교 평의원(SNU Senator, 교육위원장)으로 재직하고 있다. 서울대학교 교육학과를 졸업하고 교육부 국비유학생으로 선발되어 미네소타 대학교 교육심리학과에서 석사, 박사 학위를 취득했다.
Developmental Studies Center, Research Associate, 한국청소년상담원 상담교수, 경인교육대학교 교육학과 교수, 한국학습장애학회 회장, 서울대학교 사범대학 기획부학장(실장), 여성가족부 청소년보호위원회 위원, (사)한국교육심리학회 회장, 한국특수교육학회 부회장, 서울대 대학생활문화원(상담센터) 원장 등을 역임했다. 국가 수준의 인터넷중독 척도와 개입연구를 진행하여 정보화 역기능예방사업에 대한 공로를 인정받아 행정안전부 장관 표창을 받았고, 교육부 학술연구지원사업의 연구 성과 선정으로 교육부장관 학술상(제20-1075호, 2020년, 제1203호, 2024년), 연구논문과 저서의 우수성을 인정받아 한국상담학회 학술상(2014-2, 2016, 2022년)과 학지사 저술상(2012년), 서울대학교 학술교육연구상(연구부문, 2023년), 제1회 서울대 사범대학 교학상(연구부문, 2023년), BK21혁신과 공존의 교육사업단 최우수연구상(2020, 2021, 2022, 2023, 2024년) 등을 수상하고, 학술 · 사회적 기여로 교육부 장관 감사패(분야: 함께학교 자녀교육, 2024.12.20.), 한국상담학회 공로상(NO. 2024-12-029, 2024.12.14.) 등을 받았다.
현재 SNU_SSK교육사각지대학습자 연구단 단장, BK21 FOUR 혁신과 공존의 교육연구사업단 단장, 한국아동청소년상담학회 회장, 여성가족부 학교밖청소년지원위원회(2기) 위원, 국무총리실 사행산업통합감독위원회(중독분과) 민간위원 등으로 봉직하고 있다.
『청소년 상담학 개론(2판): 한국아동청소년상담학회 연구총서 1』(공저, 2020, 학지사), 『지능이란 무엇인가?: 인지과학이 밝혀낸 마음의 구조』(역, 2016, 사회평론), 『DSM-5에 기반한 학습장애아동의 이해와 교육(3판)』(공저, 2016, 학지사)을 비롯하여 70여 권의 (공)저 · 역서가 있으며, 300여 편의 전문 학술논문(SSCI/KCI)을 등재했고, 30여 개의 표준화 심리검사를 발표했다.

SNU_SSK교육사각지대학습자 연구단 연구진

조은정 (서울대학교 교육연구소, 박사연구원)
안성진 (서울대학교 특수교육전공 박사과정)
한성훈 (서울대학교 특수교육전공 박사과정)
백희영 (서울대학교 교육상담전공 박사과정)
김나연 (서울대학교 특수교육전공 석사과정)

한국아동·청소년상담학회 연구총서 17

경계선 지능 아동·청소년을 위한

느린 학습자 증거 기반 훈련 프로그램

– 인지, 학습, 사회정서, 적응행동 –

Evidence-Based Training Program for Slow Learners with Borderline Intellectual Functioning:

Cognition, Learning, Socio-Emotional, and Adaptive Behavior Skills

2026년 1월 1일 1판 1쇄 인쇄
2026년 1월 5일 1판 1쇄 발행

지은이 • 김동일
펴낸이 • 김진환
펴낸곳 • (주) 학지사
04031 서울특별시 마포구 양화로 15길 20 마인드월드빌딩 4층
대 표 전 화 • 02)330-5114 팩스 • 02)324-2345
등 록 번 호 • 제313-2006-000265호

홈 페 이 지 • http://www.hakjisa.co.kr
인스타그램 • https://www.instagram.com/hakjisabook

ISBN 978-89-997-3571-4 93180

정가 18,000원